MW01492816

Tsunami

Tsunami

Edición y prólogo de Marta Sanz

Pilar Adón · Flavita Banana
Nuria Barrios · Cristina Fallarás
Laura Freixas · Sara Mesa
Cristina Morales · Edurne Portela
María Sánchez · Clara Usón

sextopiso

Copyright © 2019
Pilar Adón
Flavita Banana
Nuria Barrios
Cristina Fallarás
Laura Freixas
Sara Mesa
Cristina Morales
Edurne Portela
María Sánchez
Clara Usón

Edición y prólogo
© Marta Sanz

Imagen de portada
© Lara Lars

Copyright © Editorial Sexto Piso, S. A. de C. V., 2019
París 35–A
Colonia del Carmen, Coyoacán
04100, Ciudad de México, México

Sexto Piso España, S. L.
C/ Los Madrazo, 24, semisótano izquierda
28014, Madrid, España

www.sextopiso.com

Diseño
Estudio Joaquín Gallego

Formación
Gonzalo Fernández del Río

Impresión
Cofás

ISBN: 978-84-17517-31-1
Depósito legal: M-13260-2019

Impreso en España

ÍNDICE

PRÓLOGO
AFÓNICA
Marta Sanz

Nos estamos pensando

Las mujeres nos estamos pensando. También las viejas y las niñas que no pueden quedarse embarazadas ni responden al estereotipo traumático de mujer deseable y supuestamente plena. Nos pensamos todas, de un modo intergeneracional. Nos miramos de frente y no con el rabillo del ojo. Fuera rabillos. Fuera desconfianzas. Procuramos corregir las máculas rancias —huelen a salchichón viejo— y enfocar con una mirada más limpia. Escarbamos dentro del ombligo porque ese ombligo se une a otros a través de un cordón que configura una genealogía. De manos, pies y cuerpos castigados por el trabajo, el dominio, el silencio, la interpretación asfixiante de una idea del amor-lápida. Y de otros monolitos.

Pensamiento

Ese pensamiento, que surge desde la conciencia de nuestras desventajas de género, podría ser un trampolín —festiva metáfora del agua— para achicar y hasta suturar otras brechas en la frente y más heridas: la desigualdad de clase, raza, procedencia, salud, opción sexual… Entonces el trampolín se convierte en aguja de bordado y oímos cómo la punta metálica entra y sale de la tela. La rompe y la repara al mismo tiempo. Portentoso.

Buscamos

Buscamos un feminismo integrador con el que se puedan sentir identificadas y solidarias todas las mujeres y no sólo las que se preocupan por los techos de cristal. Los techos de cristal y el efecto invernadero queman las flores. Otras —las kellys, las madres pobres en hogares monoparentales que dan a sus hijos leche aguada, las cuidadoras explotadas dentro y fuera de sus hogares— son envenenadas poco a poco con pastillas blancas que, al reducir la ansiedad, opacan el síntoma, el gusano, la rabia. Muchas mujeres siguen gritando de desesperación. Otras tenemos la boca seca por los efectos secundarios del lorazepam.

Dije que sí

Dije que sí inmediatamente a la coordinación de este proyecto. Pensarlo más habría resultado artificioso, un poco absurdo. Igual que resulta artificioso, «torticero» —adjetivo que últimamente me encanta porque lo reconozco en casi todas partes— y también un poco absurdo hacerse preguntas sobre la oportunidad o el oportunismo de iniciativas editoriales que responden a un estado de conciencia, a un cambio de paradigma, a las pulsiones de mujeres que escriben, leen y llenan de forma mayoritaria los clubes de lectura. Dije que sí y no me arrepiento.

Tiempo de raíces

Estamos en un tiempo de raíces y cimentaciones. También de memoria. Tal vez por estos motivos y otros de índole íntima, mis compañeras fueron aceptando la invitación a escribir con la misma naturalidad e inmediatez con que yo lo había hecho. En menos de una semana teníamos sus diez síes. Diez síes como diez soles. Cada vez más mujeres queremos juntar relatos con los que mirarnos y remirarnos para reconstruirnos. A nosotras y a las nuestras. Por mí y por todas mis compañeras. También nos gusta jugar al corro y dar la palabra a las menos atrevidas. A las amedrentadas. Ofrecerles las nuestras por si algún día necesitan usarlas. Son un regalo.

AMABLES

Nosotras somos, incluso cuando nos rebelamos, nos desatamos, luchamos, mujeres amables en toda la extensión de la palabra. Mujeres de tres o cuatro generaciones diferentes —sería una imprudencia contar con los dedos—, desde perspectivas y lenguajes plurales, pero siempre comprometidos, comparten su visión de qué ha pasado en los últimos tiempos y de cómo ha cambiado nuestra manera de nombrar las cosas; de fijarnos en la cotidianidad; de repasar nuestras genealogías y nuestra biografía, las de nuestras madres y las de nuestras abuelas; de reinterpretar el cuerpo, los tabúes, las palabras, el mal humor, el silencio. Incluso cierta felicidad. De repensar la escritura, sus marcas y su carnalidad. Los amores que son pinchitos que se clavan en los dedos después de comer un higo chumbo.

ORDEN

El criterio de ordenación de los relatos refleja una gradación de las emociones: la búsqueda de ese equilibrio que ha de existir entre los picos y los valles, el alpinismo y la espeleología. El tono chirriante y la perturbadora serenidad. Las narraciones no se construyen sólo a base de momentos climáticos. A veces hay que susurrar y, entonces, preparar un grito que saque todos los pies del tiesto. Estos relatos son autónomos, pero a la vez dibujan un relato felizmente gregario.

Respiración
Así de fácil y así de difícil. Se unen racionalidad e inteligencia con la capacidad para rentabilizar ese cliché, lírico y terrible, de las mujeres creativas y las locas del desván. Pensamos, tomamos aire, gritamos, nos manifestamos, vindicamos, argumentamos, volvemos a coger aire, lo soltamos desde la profundidad de nuestros pulmones relajando los brazos y haciendo tamborilear en el aire los dedos. Danzamos. Miramos fotos viejas. Echamos a correr. Tomamos conciencia de nuestra respiración. En ese minuto lúcido algunas nos ahogamos y otras se llenan de energía. Con la serenidad de las practicantes del yoga. Algunas creemos que se nos olvidará respirar y caeremos como los pajarillos, y en ese miedo a la fragilidad y la extinción peleamos por el derecho a quejarnos. Otras, mientras respiran y hacen memoria, imaginan y se van haciendo muy, muy fuertes. Ninguna nos mordemos la punta de la lengua.

Hablo demasiado
Quizá por ese exceso de trabajo en que casi todas estamos sumidas, mientras disfrutaba leyendo y ordenando los textos de mis compañeras, me quedé afónica. También porque hablo demasiado. Para la escritura de estas páginas preliminares, remojo las puntas de mis deditos en claras de huevo y me apoyo en las voces de mis amigas que son mis hermanas y también escritoras admiradísimas por mí. Indisolublemente y sin prevaricaciones. Por las afinidades electivas de la vida.

Ob-scenas

A causa de esta afonía −en parte subsanada por los plurales megáfonos de la excelente portada de Lara Lars− y porque no quiero caer en justificaciones innecesarias, reproduzco el efecto que me causaron los textos de estas valientes surfistas o nadadoras o buscadoras de perlas o supervivientes o sirenas o lo que a ellas les dé la gana ser. Reproduzco los correos que les escribí porque expresan mis sentimientos respecto a su trabajo. Lo presentan. Recoger estas misivas es un modo de corresponder a la generosidad de diez mujeres que, con sus artículos, relatos, testimonios autobiográficos, dibujos, confesiones y reflexiones se han desnudado incluso más que de costumbre. Los géneros autobiográficos de la escritura femenina siempre se han considerado obscenos, no tanto por practicar una pornografía o una corporalidad aparentemente groseras e innecesarias −cada día me siento más feliz en el fuera de lugar−, sino por enfocar lo nimio, lo poco importante, lo que por su intrascendencia debería permanecer fuera de escena. Ob-scena. *Off.* Las cositas de mujeres y el fundido a negro. Las damas separadas de los caballeros que fuman en la sala de billar en la que se juega al estratego y al monopoli: la guerra y el dinero, el poder, las faldas de las sotanas. Desde aquí le damos al *on* y resignificamos palabras como «épica», «arte», «universal», «doméstico», «cuerpo», «gratis», «maternidad», «cansancio», «trabajo», «escuela», «pueblo», «religión», «importante». Muy importante.

QUERIDA SARA:

Tu cuento me parece formidable. Y muy generoso. Todo lo que podría decirte para mejorarlo son chorradas. Creo que funciona muy bien porque, por un lado, sospecho que estás contando una experiencia fundamental en tu vida, pero a la vez eso no significaría nada si no hubieras sabido encontrar las palabras con las que llegar a los lectores —¡y a las lectoras!—. Así que te lo agradezco a nivel humano porque tengo la impresión de que te conozco mejor, y también te lo agradezco como editora. Cuántas violencias, Sara, cuántos sometimientos hasta en los contextos menos hostiles, cómo se reduplican esas violencias precisamente porque estamos en contextos aparentemente poco hostiles en los que afloran sentimientos como la mala conciencia. Es un cuento cruel y precioso. Mientras iba leyendo pensaba «Qué miedo le tiene Sara a la primera persona», pero no es cierto: este relato tiene que estar escrito así, desde fuera, con esa mampara que protege y ayuda a ver mejor. El amparo doméstico que construyes es inquietante, perturbador, *hanekiano*. Y más.

QUERIDA LAURA:

Ya he leído tu texto y, como era de esperar, me ha gustado mucho porque refleja la proximidad de las barbaries y cómo se perpetúan casi sin que nos demos cuenta. Creo que es necesario que recordemos todo lo que se ha conseguido en poco tiempo, todo lo que se puede perder y todo lo que nos queda por lograr. Me han impactado la idea del cansancio de las mujeres, el sobreesfuerzo y la minuciosidad literaria con que enumeras las labores que desempeñaba tu madre; también cómo te aproximas a una zona delicada e innombrable: el intento de expresar ese algo que nos hace sentirnos satisfechas con las expectativas culturalmente dibujadas para nosotras. Que la casa esté limpia, por ejemplo. Sin embargo, lo que más sobresale es la narración de una deriva ideológica y vital, esa relación de Laura Freixas con el feminismo, que arranca de la raíz familiar y desemboca en la mujer que hoy firma el texto. Ese aprendizaje lleno de altos y bajos. Te agradezco el reconocimiento de la variable de clase como privilegio respecto a otras mujeres. La generosidad, la sinceridad y el compromiso.

Querida Clara:
Decididamente eres la articulista incendiaria que nos faltaba. Haces honor a tu nombre sin diminutivos, recovecos o esas sutilezas estilísticas (decir sin decir, no decir diciendo) que caracterizan el mórbido, muelle y estereotipado (¿por quién?) estilo femenino. Con dos ovarios. Mientras leía tu texto se me venían a la cabeza imágenes de renovadas sufragistas con sombreros bien pegados a la cocorota y tacones cuadrados. Que le den al Papa de Roma y a la Guardia Civil.

Gracias por el ímpetu. Y por la contundencia. Y por la autoexploración a dos voces. ¿Te acuerdas de cuando nos mirábamos la papiroflexia vaginal (o sea, el chirri) con un espejito de mano? Pues eso, fenomenal.

Querida María:
Muchas gracias por «La Forastera». Tengo la impresión de haber leído un texto que, bajo el tono sosegado y la serenidad, encierra el nervio vivo y pinzado de una culpa honda. La de no habernos querido reconocer en nuestras genealogías femeninas y haber desplazado la ejemplaridad al mundo de los hombres. La educación nos hace

aspirar a sus intereses, sus espacios, nos coloca sobre los ojos una telilla que distorsiona la visión. He sentido como mía la metáfora de la casa como cuerpo, y de la calidez de los cuerpos y las manos como seña de identidad de las mujeres de los pueblos. A la vez en ese rasgo distintivo veo algo que nos hermana a todas. Este texto es coherente con el conjunto de tu obra y me sobrecoge pensar que, más allá de cualquier idílico cencerro, una mujer como tú, que hace el ejercicio afectivo e intelectual de reconocer el origen de sus rechazos y sus deseos, ha estado a punto de no poder entregar este pequeño ensayo autobiográfico, porque ahora nuestras carencias y alienaciones están vinculadas a otra violencia económica: la que nos coloca, especialmente a las mujeres, en un estado de niñez eterna y no nos permite culminar nuestros proyectos de vida, disponer de un techo, poder decidir si tener o no descendencia, escribir sin culpa. Tú lo expresas con intensidad. El peso que nos encorva o nos crispa.

Querida Cristina [Morales]:
Esta feminizada se alegra de que la hayas desnaturalizado y se siente prostituida por muchos prostituyentes macho universales y hembra universales y hermafrodito universales. Se agradece el cambio de foco lingüístico-ideológico y la proposición no de ley para convertirnos en puta gratis. Joder, cómo cuesta y lo que cuesta follar. Joder, qué tapón capitalista el de la seducción. Joder qué palabra más fea con lo bonito que sería follar sin más ni más. Ahora me hago un exorcismo. Dejo de hablar abducida por las pretensiones de la puta gratis y te cuento que, en tu pieza, texto y viñetitas van de la mano y de la mana. Que parte de la calidad de tu «Puta gratis» consiste en lo inacabado

y en cómo esa interrupción fractura el resto del libro. Le otorga tu particular toque motosierra. No te digo más. A ver si pronto podemos querernos (no *queerernos*) un poco.

QUERIDA FLAVITA:
He vuelto a mirar y remirar tus viñetas. Me gusta cómo hablan de lo que está pasando: de las dificultades creativas y sentimentales de las mujeres, y del escepticismo con el que se contemplan nuestros trabajos y se juzgan nuestras observaciones. Del juicio por la imagen y del sobreesfuerzo. En cuanto al texto que nos ofreces en primicia, es potente. Gracioso y tristísimo. Singular y plural. De antes y de ahora. Me reconozco mucho en él y eso me produce una especie de empatía y autocompasión sarcásticas. Mil gracias por haber querido estrenarte aquí. Seguimos.

QUERIDA EDURNE:
Me encanta cómo me hablas al oído. Cómo tiras del hilo. Reconozco en tu texto la dulzura de tu tono de voz y, por debajo de esa dulzura y esa sencillez, la claridad, la lucidez, la contundencia que también te caracterizan. Creo que muchísimas mujeres (las orgullosas queridas lectoras que tenemos el privilegio de leerte) se van a sentir identificadas con las industriosas mujeres de tu casa. Cada una tenemos nuestro ovillo, pero todos comparten ciertas fibras. Me gustan mucho tus retratos de línea clara, el reflejo de la metamorfosis de los afectos y, sobre todo, esa idea, de la que alguna vez hemos hablado, de que esta última ola nos está ayudando a reinterpretar lo vivido. A querernos más las unas a las otras. Gracias, amiga, por el esfuerzo, la sinceridad y toda la inteligencia.

Querida María Pandora [Nuria]:
Qué bien se refleja en tu texto el peso de la educación religiosa segregada. Cómo encadenas la vida y la literatura. Esa escena estupenda donde las diabólicas niñas le piden al profesor de religión «Déjeme que le bese el anillo». Qué diablas. Al fin y al cabo, una se ahorma —un rato— a lo que se espera que una sea y somos brujas, demonias y herejes. Además de siempre, siempre, buenas chicas. Y monjas fumadoras. Pero lo que más me interesa es ese intento de «exhumarte» —con perdón— a ti misma entre todo lo aprendido. Cómo lo aprendido se encubre con la mascarita de lo natural. Jolín, qué vidas, Pandorita. Hasta nuestras existencias mejores tienen una cruz y una raya. Sobre todo, una cruz. *Vade retro.*

Querida Cristina [Fallarás]:
Como te dije ayer, tu texto me encanta: blasfemo (¡bien!), potente, explícito, intenso y emocionante. Desde luego, cárnico y feminista en el descubrimiento de lo ob-sceno, de todo aquello que querían que se mantuviese fuera de escena y calladito. Pero nosotras reivindicamos, no tanto las vaginas dentadas, como las vaginas prensiles y habladoras. Fabuloso. Los rosarios fuera de nuestros ovarios. Las perversas y preciosas metáforas de las mandorlas, las almendras, las almejas y las conchas de vieira y de su madre. Todos esos y muchos más pensamientos —vitales y librescos— me suscita tu vulva leída que, en cierto modo, es la vulva de todas —con perdón y con matices—.

Querida Pilar:
Comparto todas y cada una de tus reflexiones, el sitio «poco natural» desde el que estamos obligadas a mirar.

Comparto incluso la experiencia del abusador: también un tío quiso abusar de mí mientras esperaba a mi novio en el apeadero de Linares-Baeza. El mío era joven y olía a anís y quería que lo acompañase a las vías. Yo conté mi historia en *El frío* y tú la tuya en el excelente «Noli me tangere». Menos mal que algunas tenemos las palabras de esa literatura que practicamos tan egoístamente y con tanta culpa por no estar cumpliendo con otras obligaciones: cuidar de los padres, organizar las facturas, comprar alcachofas. Este último año nos ha ayudado a entender mientras echábamos la vista atrás. Gracias por darnos este texto que, al comienzo, parece inofensivo y va creciendo en sus razones. Alzando el tono. Después de leerte, me noto los ojos más abiertos. Soy la abuelita de Caperucita. «Su deseo es mi asco», escribes. Ostras, Pedrín.

LA AMABILIDAD

Sara Mesa

Sara Mesa (Madrid, 1976) vive en Sevilla desde niña. De su obra narrativa destacan las novelas *Un incendio invisible* (2011, reedición revisada en 2017), *Cuatro por cuatro* (2013, finalista del Premio Herralde), *Cicatriz* (2015, Premio Ojo Crítico de RNE) y *Cara de pan* (2018), así como el libro de cuentos *Mala letra* (2016), todos ellos publicados en la editorial Anagrama. Su última publicación es el breve ensayo *Silencio administrativo. La pobreza en el laberinto burocrático* (Anagrama, 2019).

El chico la aborda a la salida. A ella no le sorprende demasiado, ya ha visto cómo la observa desde lejos en los últimos tiempos. Como van en la misma dirección, le pregunta si puede acompañarla. A la chica le hace gracia esa cortesía algo anticuada; ya nadie pregunta a nadie si puede acompañarlo, lo acompaña y ya está, aunque a veces la compañía sea un engorro, lo que, de momento, no es el caso. El chico, que debe de tener dos o tres años más que ella, trabaja en el departamento de informática. En varios meses han hablado sólo por trabajo, cuando el ordenador se quedaba colgado o había que instalar un programa nuevo, cosas así. Ella jamás le ha dedicado un solo pensamiento, pero ahora, mirándolo de reojo mientras caminan, lo evalúa. No parece, en principio, su tipo: demasiado formal, demasiado repeinado, demasiado tieso, casi envarado; no entiende qué ha podido atraerle de ella —porque, claramente, hay algo que le atrae, algo que él va buscando—. Tímido, desde luego, no es. No teme hacer preguntas y, de hecho, las hace: dónde vive, qué autobús tiene que coger, ¿pasa primero a recoger al niño del colegio o se va directamente a casa?

Que ella tiene un niño es un dato que ha circulado ya por la oficina y que algunos han acogido con cierta estupefacción, una reacción que a ella le incomoda pero que —todavía— interpreta desde un lugar favorable. Pero una cosa es conocer ese dato y otra entrar a saco en su privacidad: ¿qué más le da a él cómo se organiza la vida? Si responde es porque no hacerlo sería demasiado violento y a ella le han enseñado a ser pacífica y no mostrar la patita más de la cuenta, así que le habla del comedor escolar, donde se queda el niño hasta que ella puede ir a recogerlo. Ah, qué bien, dice el chico, esos comedores son importantísimos, y ella, de inmediato, redobla la guardia. El chico, que no percibe su desconfianza, o que quizá la percibe pero le da igual, continúa hablando. Debe de ser difícil llevar todo para adelante, ¿no? ¿Todo? ¿A qué se refiere con todo?, pregunta ella, aunque ya sabe la respuesta: el trabajo, el niño, una mujer sola... El chico no responde eso exactamente, pero lo da a entender. Al parecer, no sólo sabe que tiene un hijo, también cree conocer las demás circunstancias de su vida, que considera admirables. Pero sus elogios rozan lo untuoso, y esto pone a la chica muy nerviosa. ¿Qué tiene de especial?, responde irritada. Hay montones de mujeres, y también muchos hombres, que se hacen cargo a solas de sus hijos. No es nada heroico. El chico sonríe. Valora su humildad, pero está claro que su caso es distinto, dice, ella es muy joven y lo tuvo sola, no es lo mismo una pareja que se separa y reparte responsabilidades que ella, que decidió asumirlas todas desde el principio, no puede compararse.

¿Qué pretende al hablarle así? La chica está ofendida; detesta que se compadezcan de ella. Un hijo nunca se tiene sola, dice, siempre hay un padre. Pero el chico no pierde fuelle, cuenta con las palabras justas para cada respuesta que recibe. Siempre hay un padre, es cierto, pero a veces los padres no están a la altura, no asumen sus obligaciones y desaparecen... Por eso él siempre se pone del lado de las mujeres, que son mucho más valientes.

La chica se detiene. No por un golpe de efecto, sino porque ya han llegado a la parada del autobús. Se nota arder la cara, en parte por vergüenza y en parte por ira. El padre de su hijo, dice, es un hombre amable y bueno y jamás ha huido de nada. Fue ella quien rompió la relación, así que se equivoca al juzgarla. No es una pobre víctima.

Avanza hacia la cola en la parada, el autobús justo está llegando, pero él la coge de un brazo, luego, con apuro —la primera vez que muestra apuro—, la suelta; el roce quema a pesar de la ropa —erotismo, violencia o ambas cosas—. No te vayas, le pide. No te vayas así, enfadada, añade. Ella miente: no está enfadada. Lo que siente, ante todo, es un cansancio extremo.

¿Por qué sabe él detalles de su vida?, piensa. ¿Con qué derecho se cree que puede darle su opinión, como si se la hubiese pedido? ¿Qué está buscando al hocicar así, tan bruscamente, en su intimidad? El chico no ha parado de hablar desde que el autobús se fue. Parece darle igual que ella se retrase, a pesar de que él mismo ha enumerado la cantidad de cosas que tiene que hacer. Ahora incluso elogia su humildad, esa franqueza con la que se defiende, sin darse importancia. Justo eso es lo que más le gusta de ella, y justo es el motivo por el que quiere hacerle una propuesta.

La chica descubre un gesto tenso y expectante en su rostro, como el de un perro salivando ante un pedazo de carne. El contraste entre esta expresión hambrienta y su voz —lenta, suave y calmada— se acentúa; ella queda hipnotizada por la curiosidad, su gran talón de Aquiles. ¿Qué propuesta?, pregunta. El chico saca la cartera y, de ella, una tarjeta que le entrega con solemnidad. Existe una asociación de ayuda a madres con dificultades, explica, una asociación cuyo fin es que las mujeres que se quedan embarazadas sin planearlo salgan adelante, que no tengan miedo al futuro. La asociación, a la que claramente él pertenece, ayuda a estas mujeres de distintas maneras: asesoramiento personal, incentivos económicos, apoyo psicológico... Es también una forma de que sepan que no están solas, que reciban comprensión y cariño. ¿Comprensión y cariño? La chica no entiende adónde quiere ir a parar. Ella no ha pedido ayuda, y mucho menos comprensión ni cariño. Pero enseguida descubre que es al revés: es él —o su asociación— quien le está pidiendo ayuda a ella, una ayuda, dice el chico, inestimable; si pudiese pasarse un día por allí, por la sede, y contar su experiencia en una charla, podría ser muy motivador para las más jóvenes; ella es un buen ejemplo de cómo salir adelante, de cómo ser una mujer moderna no impide ser también una buena madre.

Suena a grupo religioso antiabortista, dice ella.

Él ríe, se cruza de brazos, la mira divertido. ¿Por qué?, pregunta. No es en absoluto un grupo religioso, cada uno tiene sus propias creencias, ahí no se mete nadie, él también tiene sus propias creencias, no va a ocultárselo, pero eso es respetable, ¿no? ¿O ella no cree que eso sea respetable? No, religioso no es, si tuviera que describir la asociación de algún modo diría que es humanista, dado que defiende el derecho a la vida. Y piensas que yo encajo ahí, lo interrumpe ella. Sí, lo piensa. Es innegable que ella también defiende la vida, su actitud fuerte y madura lo demuestra, su trayectoria lo demuestra. Ella tuvo a su hijo. No lo mató.

La chica ve llegar otro autobús de lejos. Lo ve agrandándose, cogiendo la curva para acercarse a la parada. La gente sube pero ella permanece en su sitio, callada, con la mente en blanco. La mente está vacía, sí, pero un puñado de palabras se agolpa ahora tras su lengua, se va formando precipitadamente contra los dientes. Son palabras torpes, impulsivas; la chica todavía no ha aprendido a decirlas —¡y mucho menos a escribirlas!—, pero están ahí, creciendo como hongos, feas, podridas, inevitables.

Y rompe su silencio. Fue una casualidad, dice: su hijo nació por una casualidad. Ella podría haber abortado perfectamente, dice después, ¿no lo entiende? ¡Pero no lo hizo!, interviene él. No, no lo hizo, admite ella, pero estuvo a punto de hacerlo, la balanza se inclinó hacia uno de los lados arbitrariamente, nunca supo la razón verdadera —su sumisión, su miedo…, en cualquier caso, no su valentía—. La decisión estaba ya tomada y antes de que pudiera arrepentirse pasó el plazo, eso es todo, pero si lo hubiese hecho —«abortar», sí, palabra-hongo que ella ya no esquiva—, si hubiese abortado, sería exactamente la misma persona, con las mismas virtudes y los mismos defectos, con la diferencia de que en vez de provocarle admiración, le provocaría repulsión, ¿no es así?

¿Cómo puede hablar de ese modo?, dice él. ¡Jamás podría ser la misma persona, es una barbaridad que piense eso! No, no va a juzgarla, si cree que va a entrar en su provocación, está muy equivocada. Sigue admirándola: su rebeldía, su carácter. Una admiración profunda, diga ella lo que diga, le guste o no. De hecho, la propuesta sigue en pie. No tiene por qué ser en ese momento. Puede ser el año que viene, dentro de dos años, cuando sea. Él está convencido de que, a medida que crezca el niño, se convencerá del acierto de su decisión y dejará de decir ese tipo de... cosas. El gran acierto, la apuesta por la vida, la...

La voz de él se debilita, pero sólo porque la chica se aleja corriendo hacia el autobús —tercero ya—, no está dispuesta a perder ni uno más. Se monta, avanza por el pasillo atestado de gente y sólo cuando llega al fondo se atreve a mirar a través del cristal, con la conciencia escociendo por no haberse despedido, pues, ante todo, ella es una chica educada, que siempre dice hola y adiós y da las gracias. El chico levanta la mano en señal de saludo —en señal de paz, incluso de afecto— y ella sonríe forzadamente, esa sonrisa vacía que le enseñaron a mostrar desde niña —sonrisa de payaso—. Pero la niña modosa, agradecida y paciente que vive dentro de ella está empezando ya a resquebrajarse.

1998

Lo primero que hace es sonreír, una sonrisa ancha, larga y quizá con más dientes de la cuenta, y después le pregunta si va sola, cuando es obvio que sí, que nadie la acompaña. Lo que subyace a esa pregunta, entonces, es otra pregunta, una mucho más honda que indaga en las razones de por qué va sola —¿no hay marido, no hay novio, no hay madre?—; sin duda el médico ya se está haciendo su composición de lugar, por el matiz que toma su sonrisa, ahora más compasiva, un poquito más paternal, más dulce incluso.

Le pide que se siente mientras revisa su historial médico, que ella, la interesada, sólo se atreve a mirar de reojo, aunque son sus datos los que ahí se exponen, su nombre, su edad y antecedentes, resultados de pruebas previas, parámetros, valores, comentarios al margen. El médico levanta la cabeza y sonríe de nuevo, resume el estado de la cuestión, se lo explica despacio: ella está ahí para una revisión, la doctora anterior está de baja, a partir de ahora él la llevará a ella —¿adónde?, piensa la chica—, cualquier duda que tenga puede preguntársela sin problema. Estás de veinticinco semanas, dice luego, y la chica espera, mansa y dócil, a que continúe hablando, pero él repite, y ahora ella comprende que no era una afirmación, sino una pregunta, estás de veinticinco semanas, sí o no. La chica hace sus cuentas mentalmente, divide a cuatro semanas por mes, aunque a veces son cinco, no es tan fácil. Unos seis meses, sí, y entonces al médico se le agrandan un pelín las pupilas, nada apreciable a simple vista si no fuera por la expresión que acompaña a este agrandamiento, una expresión difícil de enmarcar, radicada en las cejas sobre todo, una expresión que, por leve que sea, marca un cambio.

Los embarazos no se cuentan por meses, dice ahora. Hace tiempo que no se cuentan por meses, y añade: lo correcto es contarlos por semanas, lo correcto y lo preciso, cómo es que ella aún no sabe esto, ¿no se lo han explicado? La chica, que está faltando a clase de Redacción Periodística II, siente que retrocede a los tiempos del colegio cuando no se sabía la lección, y en consecuencia balbucea una explicación —no lo recuerda, no lo sabía, no se lo dijeron—, hasta que el médico hace un gesto con la mano, después de todo no es un profesor que quiera pillarla en falta sino un médico amable, ante todo amable, que le dice: tranquila, no pasa nada, es sólo para que ella lo sepa, por si le ocurre cualquier cosa y tiene que ir a urgencias, un sangrado repentino o un dolor inesperado, Dios no lo quiera, es importante que indique el número de semanas de la gestación, y no los meses, ¿lo comprende? Sí, la chica lo comprende.

Por lo demás, ¿se encuentra bien? Sí, muy bien. ¿Alguna molestia? No, ninguna. ¿Ácido fólico tomó? ¿Qué? El médico repite, con paciencia: que si tomó ácido fólico, suplementos. La chica hace memoria. Cree que sí. Se refiere a las vitaminas, ¿no? Su médico de cabecera le recetó unas cápsulas. El médico pone las manos sobre la mesa —sus manos grandes, limpias, profesionales— y coge un poco de aire antes de preguntar: ¿las tomó antes de quedarse embarazada o después? Después, claro, antes ella no podía saber, no podía… Se traba porque, en realidad, lo que no puede es continuar mirándole a los ojos, a sus ojos amables de hombre que no entiende, así que se fija en sus propias manos —las de ella—, pequeñas, todavía infantiles, con las uñas moteadas de manchitas blancas: falta de calcio, marcas de mentiras.

El ácido fólico, explica el médico, es una vitamina; en esto ella, la chica, lleva razón; una vitamina que está presente en algunos alimentos, como el hígado o las legumbres, pero en dosis pequeñas, poco relevantes, por eso se recomienda tomar suplementos cuando se planifica un embarazo, es decir, meses antes; en sentido estricto no es una recomendación, sino que forma parte del protocolo básico, es necesario. ¿Sabe ella por qué? La chica continúa mirándose las uñas, mordidas y algo sucias, se avergüenza de ellas, de sus uñas y también de sus manos e incluso del vientre donde reposan, el vientre ya visiblemente hinchado, y dice no, no lo sabe. Didáctico, paciente, el médico la ilustra: el ácido fólico previene daños cerebrales en el bebé, daños tan graves como la espina bífida, no es entonces ninguna tontería, ¿la espina bífida sí sabe lo que es? La chica asiente, finge, porque no sabe exactamente los detalles, aunque ha escuchado que es una malformación terrible, irreparable, y se le encoge el corazón de angustia, no tanto por el futuro de su hijo como por el mensaje sutil que está captando, el mismo mensaje ofendido que recibió antes de otras voces, ya que una mujer que no planifica las cosas, sino que se queda embarazada sin darse cuenta, una mujer que apenas ha sobrepasado los veinte años y que va como una loca por la vida, es una irresponsable que quizá, a causa de esto, vaya a parir un monstruo.

En fin, si no lo tomó en su momento, no lo tomó, ya no se puede hacer nada, tampoco van a atormentarse por eso, ahora hay que mirar hacia adelante e intentar cuidarse lo máximo posible, él entiende que ella no está fumando ni bebiendo, ¿no es así? No, no. Bien, pues entonces que pase por esa puertecita de al lado, que se desnude de cintura para abajo, que se cubra con la sábana y se tienda sobre la camilla, con los pies encajados en los soportes metálicos. Que avise cuando esté lista, puede tomarse su tiempo, dice, y ella nota el evidente esfuerzo que está haciendo por tranquilizarla.

De todos modos, la chica no tarda. Está acostumbrada a obedecer, a ir rapidita y no molestar más de la cuenta. Agradece que la sala de exploración esté en penumbra. Agradece también estar tumbada, no tener que mirar más la sonrisa del médico. De cintura para abajo, piensa, ya es otra persona; sobre eso no tiene nada que opinar, lo más que puede hacer es esperar que todo termine cuanto antes. Lo llama: está lista, dice, pero le tiembla la voz y se avergüenza de nuevo. El médico se sienta a su lado, en un banco alto, acerca la mano a su cuerpo y ella se deja hacer con resignación, mientras escucha su voz aséptica, una voz que no parece tener conexión con la mano que se está hundiendo en ella, hurgando en ella, y que le informa de que el útero está bien, que el fondo uterino también, que el cuello está perfecto, que le va a tomar una muestra para una citología, que ya es suficiente, que puede bajar las piernas, que a continuación le explorará las mamas. Ella debería aprovechar para hacer ahora su pregunta, antes de que vuelvan al despacho y tenga que mirarlo otra vez a la cara, la pregunta que le ronda desde hace semanas y que aún no se ha atrevido a formular, pero el médico no da tregua, pasa de una cosa a otra con profesionalidad, ahora le pregunta si le duelen los pezones, y sí, le duelen, pero es porque se los está retorciendo; ella no entiende si es necesario hacerlo —retorcerlos de ese modo—, tampoco sabe qué debe contestar, así que dice sí, le duelen un poco, y él le anuncia que con la lactancia se le agrietarán y le dolerán aún más, pero en fin, para eso todavía queda un tiempo. Ahora viene lo más emocionante, anuncia, la ecografía, y ella piensa que es el momento para abordarlo, pero es complicado interrumpir a ese médico que señala con un puntero la curva que es, dice, la cabecita, y eso de ahí son las piernas y aquello un brazo, no se ve el cuerpo entero porque está de lado, pero claramente se trata de un machote, ahí puede verlo bien nítido, el pene, los testículos, y ese punto oscuro que es un ojo y eso, la nariz, pero la nota muy callada, ¿no dice nada?

La chica se sobresalta. ¿No dice nada?, repite el médico. Ella no sabe qué debe decir, ni siquiera distingue todo aquello que el médico asegura ver, para ella lo que hay en la pantalla es sólo una borrosa masa gris en movimiento, como olas de agua sucia, poco más. ¡Pero si se ve perfectamente!, dice el médico. Es su hijo, su hijo quien está ahí ya bien grande, repite alegremente mientras lo mide, alegre como si lo estuviese gestando él, y le pasa un rollo de papel para que se limpie, cuando se vista puede pasar otra vez al despacho, allí la espera.

Ella sale despacio. Sobre sus hombros recae ahora un peso enorme, un peso que le fuerza a agachar la cabeza. Trata de sacudírselo de encima, observa al médico, que toma sus últimas notas en silencio, se sienta frente a él, reúne fuerzas, habla.

Quería preguntarle, dice, y hace una pausa.

Quería preguntarle sobre el DIU, dice luego, sobre la posibilidad de ponerse un DIU. Ha leído que no es recomendable en mujeres sin hijos pero que, si se ha dado a luz, entonces no hay problema. El médico continúa tomando sus notas, como si no estuviera escuchando. La chica titubea, pero sigue. Lo que ella no sabe, dice, es si el DIU se lo debe poner tras el parto, aprovechando que el útero está dilatado, o si es mejor esperar unos meses, ésa es la duda que tiene. El médico tarda aún un rato en reaccionar, ella se teme que ni siquiera vaya a responder, que se haga el sordo, y se arrepiente de inmediato de haber hablado. Las mejillas le arden, mira a un lado, los flamantes diplomas enmarcados que acreditan la excelencia del médico, diplomas que lo hacen tan respetable como a un padre, las estanterías de madera con gruesos volúmenes médicos, un aparato reproductor femenino de goma, de colores, y es entonces cuando él habla y ella vuelve a mirarlo y, con inmenso alivio, ve otra vez su sonrisa, la misma del principio, igual de amable y comprensiva, una sonrisa que enmarca unos dientes que enmarcan una cavidad de la que brotan unas suaves, tranquilizadoras y casi bromistas palabras, algo sobre la poca necesidad que hay de preocuparse por eso del DIU, que se deje ahora de *dius* y de *días*, qué es eso del *útero dilatado*, ¡pero si apenas sabe de lo que habla! Ahora hay que concentrarse en el niño, en preparar bien el parto, en la lactancia…, después de todo, ¿no dice ella, la chica, que no tiene marido? ¿Qué prisa hay entonces, para qué correr tanto? Por otro lado, él no se dedica a la planificación familiar, es mejor que ella se informe donde hay que informarse y que no vaya leyendo esto o aquello o hable de oídas, porque eso que dice, lo del DIU, no es tal como piensa, que protege del embarazo es verdad, aunque hasta cierto punto, de los embarazos ectópicos, por ejemplo, no, que se informe de eso también, es algo grave, hay mujeres que han muerto por ello; en cuanto a las enfermedades de transmisión sexual el DIU no sirve para nada y ella, quizá más que nadie –*quizá más que nadie*, repite la chica para sus adentros–, debería tenerlo en cuenta, así que es mejor que vaya poco a poco, que no se precipite, que después pasa lo que pasa –*¿y qué pasa?*, piensa ella–, hay que centrarse en el niño, en el niño ante todo, estamos para eso –*¿estamos quiénes?*–, y la sonrisa no se enturbia, la amabilidad no desaparece.

La ficha de sus datos ya está actualizada, la siguiente cita será ya la última, entonces la pondrán en monitores, y le explica, con mucha claridad y sencillez, lo que son los monitores, una explicación tan detallada que consigue que el DIU quede muy atrás, la chica ya lo sabe, tan atrás que está ya muerto, muerto y olvidado.

Pero ella no lo aparca. Calla porque siempre calla, porque está acostumbrada a callar, pero no para sus adentros, no ahí, en su interior, donde están empezando a crecer las palabras que algún día, muchos años después, serán escritas.

1999

Hay una barrera ahí, invisible pero insalvable, una barrera que se alza entre esa mujer y el bebé, por un lado, y ella, la chica, por el otro. No es algo que haya razonado todavía, de momento es sólo una sensación, nada más que pura sensación sin cuajar en palabras. La chica tiende los brazos al bebé, pero él vuelve la cabecita hacia la otra mujer, que es su abuela, que es entonces la madre de la chica. El bebé rechaza con rotundidad a la chica, a la que, es evidente, no considera su madre, y la chica finge no notar el rechazo, pero la otra mujer se regodea en el triunfo, ríe, lo estrecha aún más fuerte contra su pecho. A veces toman a esa mujer, joven todavía, por la madre del niño. La gente se lo dice por la calle, qué precioso bebé tiene usted, cómo se le parece. La mujer se apresura a corregir el error, no, no es la madre, es su abuela, aunque en el día a día actúa como si lo fuera, porque es quien le prepara las papillas y le cambia los pañales, eso es lo que hace a una madre más que nada, ¿no es así? A la madre-abuela le halaga la confusión y termina por confundirse también ella, hasta el punto de que, en los últimos tiempos, la chica ha empezado a pedir permiso para hacer lo que en principio sería su legítimo derecho: ¿me dejas que lo acueste yo?, dice. Pero es el mismo bebé el que ha pronunciado su parecer y su sentencia. Lloriquea cuando la chica insiste y vuelve a extender sus bracitos hacia la madre-abuela, quien, toda amabilidad y entrega, le dice a la chica que no se preocupe, que mejor lo acuesta ella, que el niño ya está acostumbrado, que si no le costará mucho dormirse y que es muy tarde.

El niño jamás se acostumbrará a la chica si ella no protesta, y esta vez lo hace: protesta tibia, educadamente, pero protesta. La madre-abuela suspira, ay, no la entiende, se queja. Al niño no le pasa nada, sólo está muy cansado y no es el tema quién lo acuesta o no, el tema es que ella, la chica, se pasa todo el día fuera de casa, primero trabajando —si por trabajo se puede considerar la beca cuyo importe entrega para cubrir los gastos familiares: esto no lo dice la mujer, lo piensa la chica—, y después en la biblioteca, estudiando: es por eso por lo que el niño apenas la conoce, no porque lo acueste o lo deje de acostar.

Aunque lo haya dicho con una sonrisa paciente y resignada, a la chica le duele el golpe. No se pasa el día fuera porque quiera, se defiende, aunque esto, en el fondo, no constituya el núcleo del ataque. De hecho, no hay ataque. Lo que la madre-abuela ha dicho es verdad. También lo es que, gracias a ellos, a la madre-abuela y al padre-abuelo, ella, la chica, puede trabajar —ser becaria— y también estudiar; de otro modo, dado que no tiene ni un duro, se vería obligada a no se sabe qué para vivir. En otros tiempos lo normal hubiese sido casarse, por ejemplo, o, como poco, tendría que quedarse en casa todo el día para cuidar de su hijo; un bebé exige atención constante, eso es así. Por suerte la chica cuenta con los padres-abuelos que se encargan de esa tarea que, al parecer, le viene grande, pero ella, en vez de agradecerlo, todavía los acusa, subrepticiamente, de estar quitándole a su hijo. Eso, en efecto, se

38

llama ingratitud, la madre-abuela lo está diciendo ahora, pero no como acusación, sino como desahogo, pues no le gusta que la culpen de lo que no tiene la culpa. Si el niño la prefiere a ella, ¿qué va a hacer? ¡Es natural!

La madre-abuela insiste: si la chica quiere ayudar, que vaya recogiendo la mesa y fregando los platos de la cena, pero al niño lo acuesta ella, que es quien sabe cantarle nanas y mecerlo. La chica no quiere ayudar, la chica lo que quiere es acostar al niño, y ahí la discusión se enrosca en los mismos argumentos: la madre-abuela pide sensatez, la chica dice que no es cuestión de sensatez, la madre-abuela dice que, entonces, es cuestión de egoísmo.

La chica es de lágrima fácil, cascarilla sin relleno, pelusa sin agarre, y se derrumba con facilidad. Dice —se atreve a decir— que, a lo mejor, la ayuda que le dan no es la que necesita y que sería mejor vivir sola con su hijo. Cada día que pasa lo siente más lejano. Cuando se asoma a la cuna, él la mira como si fuese una extraña: ya ni siquiera la reconoce. Lo peor de todo es que hasta a ella se le está olvidando que es su madre. Esta confesión no la hace tal como la escribirá más adelante —mucho más adelante—, sino a trompicones, humillada y desconcertada, casi sorprendida de su propia desesperación, con un agudo deseo de hacerse daño. El bebé, ese hijo que nunca ha sido suyo, la ve llorar y llora ahora también, aunque no por solidaridad, más bien lo contrario. ¿Lo ves?, dice la madre-abuela. Ya lo has puesto nervioso, y se lo lleva.

Tal como le han ordenado, la chica recoge la mesa, friega los platos, da una pasada de fregona al suelo de la cocina, se sienta en el sofá con las piernas encogidas, espera. El tic tac del reloj de pared se acompasa a la respiración del padre-abuelo, que también se mantiene callado, leyendo su periódico, duro y distante. La madre-abuela vuelve al rato, andando de puntillas. Ya está dormido, anuncia, que hagan el favor de no hablar en voz alta —*pero si no estamos hablando*, piensa la chica—; de todos modos, ¿qué hace ahí sentada? ¿No está cansada ella también? ¿No debería irse a la cama? La chica se encoge de hombros, no levanta la vista. Aprieta entre las manos un peluche del niño, un elefante de trapo con argollas de plástico en las orejas, mete y saca las orejas por las argollas, les da la vuelta. Siempre le sirvió tener las manos ocupadas en situaciones como ésa, por ejemplo cuando necesita armarse de paciencia para escuchar las palabras de esa madre-abuela, palabras amables, muy amables, que le piden paciencia, le dicen que hay que ir poco a poco, que es una privilegiada y no es capaz de verlo. Vive allí, cuidan de su hijo y eso le permite continuar con sus cosas como si no hubiese pasado nada —pero ése es el problema, piensa ella: *como si no hubiese pasado nada*, como si el niño hubiese nacido por generación espontánea y ella, la chica, hubiese sido sólo una tubería, un cauce—.

La madre-abuela interpreta mal su silencio, cree que ha amansado a la fiera, se enternece.

¿Dónde se está mejor que en casa, con la familia?, le susurra. ¿Ha visto cómo viven otras madres separadas con sus hijos pequeños? Madrugones, guarderías, canguros y precocinados, por no hablar de lo expuesta que está una mujer que vive sola. Por fortuna, ella está libre de todo eso. ¿Qué prisa tiene en irse? ¿No es mejor hacer las cosas con más calma, como se han hecho siempre, paso a paso?

La chica continúa manoseando el peluche y se concentra para verse desde fuera, un ejercicio que ha descubierto hace muy poco, tremendamente útil para mitigar la angustia. De este modo, es cierto que ese niño no es su hijo, pero entonces tampoco sus padres son sus padres, ni esa casa es su casa y ni siquiera el peluche que estruja entre las manos tiene consistencia, no es nada, nada puede dañarla. No es ella quien está ahí atrapada, en el sofá que odia casi sin ser consciente; no es ella quien recibe, desconsolada, palabras de consuelo; es otra entonces, es la protagonista de un libro que algún día —aunque esto aún no lo sabe— escribirá.

A TI NO TE VA A PASAR

Laura Freixas

Laura Freixas (Barcelona, 1958) es escritora. Ha publicado relatos, novelas, ensayos y autobiografía. Ha sido también editora, crítica literaria, traductora y profesora invitada en varias Universidades de Estados Unidos. Es presidenta de honor de la asociación para la igualdad de género en la cultura Clásicas y Modernas. Sus últimos libros publicados son la novela *Los otros son más felices* (Destino, 2011; reeditada por Tres Hermanas en 2019), la colección de ensayos *El silencio de las madres y otras reflexiones sobre las mujeres en la cultura* (Aresta, 2015) y dos volúmenes de su diario: *Una vida subterránea. Diario 1991-1994* (Errata Naturae, 2013) y *Todos llevan máscara. Diario 1995-1996* (Errata Naturae, 2018). En junio de 2019 verá la luz su nuevo libro, a medio camino entre la novela y la autobiografía, titulado *A mí no me iba a pasar* (Ediciones B).

Un día mi abuela llegó a casa y me encontró todavía en la cama. Debía de ser la una, quizá incluso las dos. Era domingo, el día en que ella venía a comer con nosotros, a casa de mis padres; yo había salido la noche anterior —era estudiante entonces— y acababa de despertarme.

Coloreado de azul por las cortinas, en el apacible silencio de un domingo en el barrio barcelonés de Pedralbes, el sol entraba en la habitación, caldeándola, revolcándose por la mullida moqueta, desperezándose feliz, igual que yo... Mi abuela se sentó en el borde de la cama a conversar conmigo. Estábamos charlando cuando algo le llamó la atención en el suelo. Se inclinó a cogerlo: un manojo de llaves. «¿Son tuyas?», me preguntó. Yo ni pude ni quise disimular; me eché a reír. Mi abuela lo entendió enseguida y también se rio. «Me parece muy bien», me dijo. «Que no seas una esclava como lo he sido yo». No se chivó a mi madre.

¿Qué habría dicho mi madre...? Pobre mamá: llevaba años sermoneándome preventivamente sobre un tema, al parecer, gravísimo; una exigencia inquebrantable, un imperativo que yo no debía desobedecer bajo ningún concepto, a saber: llegar virgen al matrimonio. Lo gracioso, por llamarlo de alguna manera, era que al mismo tiempo mi madre me informaba de que los hombres hacían todo lo contrario: intentaban acostarse con cuantas más chicas mejor; es más: se iban de putas; pero a la hora de casarse, me decía, querían una chica virgen.

Yo la escuchaba incrédula, muda de indignación. ¿Qué? ¿Cómo? Pero, pero... ¿Cómo podía ser que...? Y ella, ella, ¿cómo lo soportaba? ¿Qué pensaba ella de todo eso? La respuesta de mi madre era tan contundente como amarga: «Ellos tienen la sartén por el mango».

Mi abuela tenía sobre mi madre una sola ventaja: era coherente. Coherente, sin contradicciones, fácil de definir: era una mujer sometida. Una mujer que fregaba el suelo de rodillas, que acudía corriendo cuando sonaba el teléfono y su marido, sentado en la butaca junto al aparato leyendo el periódico, le gritaba: «¡Chica! ¡El teléfono!», y seguía leyendo el periódico. Que todas las noches esperaba a su marido con la cena preparada, y si él no venía a dormir, la tiraba al retrete (no tenían nevera). Que como mucho, se atrevía a preguntarle tímidamente: «¿Cómo es que vas con la Pepa, que es tan inculta que escribe *vargas* en vez de *bragas?*». (Por qué vía había conocido mi abuela esos detalles sobre la ortografía de la amante de turno de su marido, no lo sé, como tampoco sé por qué tiraba la cena al retrete en vez de a la basura. Así nos llegan las historias familiares, a retazos, fragmentos iluminados rodeados de oscuridad). «Porque me gusta montarla», contestaba, de buen humor, mi abuelo.

Mi abuela era una mujer sometida que sabía que la rebelión era imposible. Desde cualquier punto de vista. Su marido, aunque pobre (trabajaba de cartero), tenía una educación: había ido al seminario, sabía hasta latín, mientras que ella apenas aprendió nada en el colegio, donde las niñas se pasaban las tardes cosiendo y cantando. ¿En qué libros habría podido encontrar argumentos para llevar la contraria al resignado refrán: «Madre, ¿qué es casar? Hija: parir, coser y llorar»?

Su marido tenía la fuerza física, que podía usar contra ella. Su marido tenía un sueldo, después una pensión de jubilación (que le maravillaba; cada fin de mes se ponía el sombrero, cogía el bastón y se dirigía al banco, proclamando: «Me voy a que mi amigo Franco me pague por no hacer nada»), mientras que ella, haciendo arreglos de ropa para familias ricas en los ratos libres que le dejaban la casa y los niños, ganaba una miseria. Su marido tenía de su lado la ley, todas las leyes: las que consideraban delito, penado con cárcel, el adulterio de la mujer, pero no el del marido; las que exigían «licencia marital» para tener pasaporte o firmar un contrato de trabajo, y autorizaban al marido a cobrar el sueldo de la esposa; las que daban al marido, en exclusiva, la patria potestad, y establecían que si una mujer se separaba, él se quedaba con la casa y los niños… Eran leyes que a mi abuelo, gran admirador de Franco (aunque en su juventud había sido anarquista, y afirmaba sin rubor que seguía siéndolo), le parecían perfectas: justas, como Dios manda, razonables. Cuando yo, con diecisiete o dieciocho años, dije que estaba a favor del aborto, él hizo todo un teatro de escandalizarse como buen caballero cristiano… sin saber que yo sabía (no se lo dije, por respeto; a buena hora me callaría, si fuera hoy) que cuando mi abuela se quedó embarazada, siendo solteros los dos, él la llevó a un oscuro chiscón a que una portera la hiciera abortar con perejil o lo que fuese («te pondrás muy mala, muy mala, pero pase lo que pase, tú no digas nada», le dijo la mujer; mi abuela se asustó y se echó atrás). Y cuando manifesté mi intención de irme a vivir sola, le recordó a mi padre, en confianza, entre hombres, que si una hija menor de veinticinco

47

años abandonaba sin permiso el domicilio familiar, salvo que fuera para casarse o meterse a monja, el cabeza de familia podía solicitar a la Guardia Civil que la fuera a buscar y la devolviera al hogar, a rastras si hacía falta.

Mi abuela aceptaba todo eso con fatalismo. Sentía que no podía hacer nada más que esperar a recibir algún día su libertad de la única manera en que podía llegarle... y aunque tarde, le llegó por fin. «¡Estoy contentíííisima de que se haya muerto!», me confesó a mí cuando sucedió. La otra cosa que esperaba era que su hija y sus nietas no tuvieran tan mala vida como ella.

Mi abuela había caído en una trampa mortal porque un hombre le gustó. La trampa estaba ahí y lo difícil, dificilísimo, habría sido no caer en ella de una u otra manera; pero el dejarse seducir, enamorarse, ponerse en manos de un chico atractivo que en cuanto la tuvo en sus manos se convirtió en un déspota que parecía salido de una mala zarzuela, le había dado la puntilla.

Yo creo que mi madre estaba tan horrorizada por lo que había sido la vida de la suya, que estuvo a punto de quedarse soltera, como Isabel I, la reina de Inglaterra, que, hija de un padre que había hecho decapitar a dos de sus esposas (una de ellas, su madre), no se casó nunca, por si acaso. Mi madre sólo se casó —tarde, para la época— cuando encontró a un hombre que a diferencia de mi abuelo, no era especialmente machista.

Mi padre quería una mujer con la que pudiera hablar, para no «dejar fuera, al llegar a casa, provincias enteras de su alma», como decía que decía Ortega (aunque nunca he podido encontrar esa cita). Se habían conocido en el Museo Municipal de Música: las Juventudes Musicales, a las que los dos pertenecían y que organizaban la visita guiada, habían logrado el milagro de acercar a dos personas pertenecientes a galaxias sociales tan alejadas (mi madre era hija de castellanos emigrados a Cataluña; mi padre, de la burguesía industrial catalana). Compartían el interés y el gusto por la música clásica y por la lectura, y en general un afán de saber, una curiosidad por el mundo que hacían de ellos grandes interlocutores. Eran buena pareja para hablar; para todo lo demás… iban tirando. A mi padre le parecía bien que su mujer estudiara, trabajara, fuera más o menos autónoma…, a condición de que eso no le costara nada a él. De que él pudiera volver a casa con la seguridad de encontrar la comida hecha, la mesa puesta, las camisas limpias y planchadas en su armario, los niños bañados y cenados. De que su mujer, y en general las mujeres que había a su alrededor, fueran complacientes, agradables de ver, serviciales, perfumadas. De que él pudiera hacer su vida como la había hecho siempre: sin pensar nunca, jamás, ni por casualidad, en los demás.

Los amigos de la familia eran los amigos de mi padre. Las aficiones de la familia eran las aficiones de mi padre. Como a él le gustaba esquiar, íbamos todos a la nieve; los niños esquiábamos tanto si nos gustaba como si no, y mi madre preparaba las maletas y los bocadillos y nos esperaba en algún sitio. Como a él le gustaba ir en lancha, íbamos todos en lancha, tanto si nos gustaba como si no; yo lo aborrecía, mi madre también, pero eso tanto daba. Como a él le gustaba el vuelo a vela, íbamos todos al campo de aviación, aunque nosotros tres no pudiéramos hacer otra cosa que pasar el día entero echados en una manta sobre la hierba. Yo siempre tuve la impresión de que con el dinero que ganaba, mi padre se había comprado un coche, una casa y una familia.

Mi abuela no sólo servía la comida a su marido y a sus hijos, sino que hasta les removía el azúcar en el café («¿está *meneao?*», le preguntaban ellos distraídamente cuando les alargaba la taza). Mi madre le hacía las llamadas de teléfono a mi padre: él, con toda naturalidad, le pedía: «*Posa'm amb...*», «ponme con...», y ella obedecía. Una amiga de nuestra familia no sólo servía la comida a su marido, sino que le pelaba la fruta. Una criada que teníamos tenía un novio, el cual se iba de putas y se lo comentaba: «Las de esa calle trabajan muy bien», le decía satisfecho. «Entonces, ¿por qué no me dejas?», replicaba ella, llorosa; por lo visto, dejarlo ella a él le parecía, por alguna razón, inconcebible. «Ellos tienen la sartén por el mango...». Mi tía, casada con un pintor, pasaba los días haciéndole compañía mientras él pintaba; por las noches tenía un sueño recurrente: soñaba que estaba a cuatro patas, comiendo de la escudilla donde se le pone la comida a los perros. Y así sucesivamente.

¿Y mi madre? Durante años presencié un espectáculo que me resultaba incomprensible, aunque por lo visto a nadie más que a mí le llamaba la atención; y era éste: una persona adulta, una persona teóricamente libre, dedicaba los mejores años de su vida, sin que ninguna ley la obligara, sin que nadie le pusiera una pistola en la sien, a hacer algo que odiaba. Mi madre odiaba el trabajo de ama de casa; lo odiaba con todas sus fuerzas, lo odiaba con toda su alma, lo odiaba, lo odiaba, lo odiaba... y lo hacía. Cuántas frases suyas recuerdo perfectamente por haberlas oído mil veces...

«¿Por qué todas las mujeres tienen que ocuparse de la casa? Es como si todos los hombres tuvieran que ser zapateros».

«Las verdaderas vacaciones del ama de casa son sentarse a la mesa sin saber qué va a comer».

«Esas mujeres que dicen que les gusta la casa, ¿qué demonios quieren decir? ¿Que les gusta qué: barrer?, ¿fregar los platos...?».

«Los niños me cansan y me aburren».

Preocuparse de que en la casa de la playa hubiese manteles, y tenedores, y crema solar para todos, y toallas... Prever cada día el desayuno, decidir un primero, un segundo y un postre para la comida y un primero, un segundo y un postre para la cena. Ir a la compra, asegurarse de que hubiera siempre en la nevera suficientes tomates, de las distintas clases: para pan con tomate, para ensalada, para gazpacho... Saber qué fruta le gustaba o no le gustaba a cada miembro de la familia. Pedir hora a los médicos de su marido, de su hija, de su hijo; ir a recoger los análisis; llevar a los niños al dentista. Asistir a las reuniones de padres, pedir una reunión con la profesora para quejarse de que ponía demasiados deberes o demasiado pocos. Ir a una determinada tienda a comprar una sopera igual que la que se había roto, para que hiciera juego con el resto de la vajilla. Poner un anuncio pidiendo una criada para el verano, entrevistar a las candidatas, contratar a una, negociar las condiciones, decirle lo que tenía que hacer, transmitir las órdenes de mi padre (que nunca hablaba directamente con ellas, sino que en presencia de la interesada le decía a mi madre, en catalán, lo que quería que mi madre le dijera: *«Diga-li a la bonne...»*. No sé por qué decía *la bonne,* la criada, en francés). A ese tipo de cosas dedicaba mi madre sus días.

51

Mi madre vivía muchísimo mejor que la suya, en parte por haber entrado, gracias a su matrimonio, en una clase muy superior a la suya de origen; en parte porque la sociedad española se había civilizado algo, aunque no hubieran cambiado las leyes, y en parte porque mi padre no era, como he dicho, especialmente machista. *Especialmente.* No lo era de forma activa, agresiva, militante, como mi abuelo; su machismo era pasivo y podríamos decir, por omisión. Mi madre estaba constantemente protestando de tener que cocinar, de tener que hacer la compra, de tener que ir siempre mona y arreglada, de que los hombres tuvieran amantes y las mujeres tuvieran que ser castas... Es curioso, ahora que lo pienso, que todo eso mi padre no lo comentara jamás. Y como las protestas de mi madre eran por lo bajini y las compartía sólo conmigo, o a lo sumo con alguna amiga, nada cambiaba nunca. Era terrible ver a mi madre furiosa contra un estado de cosas tan injusto... y ordenándome que me sometiera a él. ¿Por qué, mamá? «Porque los hombres tienen la sartén por el mango». Que esto me lo explicara ella, sin que mi padre tuviera que mancharse las manos, me parecía la última vuelta de tuerca: a los muchos privilegios de los hombres se añadía, al parecer, el privilegio de que nadie les avergonzara señalándolos.

Mi abuela no se atrevía ni siquiera a pensar que el mundo estaba mal hecho; para ella simplemente ser mujer era una desgracia que le había tocado en suerte, como quien nace enano o paralítico. Mi madre también sentía que era mala suerte («si hubiera podido elegir, ¡a buena hora habría nacido yo mujer!»), pero al mismo tiempo era capaz de analizar las cosas. Era inteligente y aunque lo tuvo difícil, había conseguido estudiar: hizo el bachillerato de mayor, aprendió francés, leyó a Simone de Beauvoir; tenía un espíritu crítico afiladísimo.

Pero estaba sola. Las señoras de la burguesía catalana que eran ahora sus amigas eran mucho más sofisticadas que las obreras o pescaderas con las que había crecido; vestían mejor, olían mejor, sabían francés, eran mucho más agradables de trato, pero muy conservadoras; yo creo que el dinero las anestesiaba. Qué sorpresa y qué disgusto se iban llevando, una por una, cuando descubrían las faenas que les hacían sus maridos: en general, tener amantes, pero con recochineo; se acostaban con la supuesta mejor amiga de su esposa, o con la criada que vivía en casa... Con mi mentalidad cartesiana de alumna del Liceo Francés, yo no podía sino constatar que a casi todas les pasaba lo mismo, y que casi todas reaccionaban igual: se intentaban suicidar o se hacían la cirugía estética, o las dos cosas. Ninguna se murió y ninguna consiguió que el marido volviera a quererlas. Y ellas sufrían sin entender: no sabían interpretar lo que les había pasado más que en clave personal («él es un cabrón, ella es una mala amiga») o esencialista («los hombres son así»), pero no social, política.

Mi madre estaba sola, y además tenía miedo. El miedo que teníamos todas, el que las madres instilaban en las hijas, el que me estaba transmitiendo a mí. Miedo a que los hombres, los mismos que se iban de putas, nos rechazaran horrorizados si sospechaban que no éramos vírgenes. Miedo a que nos hicieran daño: nuestro vecino de rellano pegaba palizas a su mujer, ante la indiferencia general, y en una época se instaló en el edificio en que vivíamos una pareja joven cuyos golpes, llantos y aullidos oíamos todas las noches, sin que nadie hiciera nada. Miedo permanente, obsesivo, a todo eso que salía en la sección «Sucesos» de los periódicos, que mi padre no leía y mi madre se sabía al dedillo: «Crimen pasional», «Turista violada y asesinada»... Cuando a los veintipocos años me fui a vivir sola a un cuchitril situado en lo alto de un edificio, cuya puerta estaba al lado de la que daba a la azotea y que se mantenía abierta con una piedra, mi madre, siempre que venía a verme, se quedaba mirando esa piedra... No hacía ninguna falta que dijera nada: a mi mente acudía la misma imagen, la misma pesadilla, que a la suya. Cuando después me mudé, siempre sola, a otro barrio, ya sin azotea ni piedra, el miedo sólo cambió de forma: mi madre me aconsejó que no pusiera sólo mi nombre en el buzón, sino que le añadiera un nombre masculino cualquiera.

Mi madre, como su madre, no quería que a su hija le pasara lo mismo que le había pasado a ella; no sabían muy bien cómo evitarlo, pero intuitivamente, ambas adivinaron que la mejor o la única manera de escapar a todo eso se cifraba en una palabra: estudiar. Y como mi madre antes que yo, yo lo entendí así y me lancé de cabeza a los estudios. Mi primera rebeldía fue, paradójicamente, la de ser una alumna ejemplar. Estudiaba con pasión lo que me echaran: historia, literatura, inglés, geografía, latín... El esquí en La Molina o en Baqueira, la ropa comprada en Gonzalo Comella o El Dique Flotante, las salidas a bailar a Pachá, los pantalones Levi's, las gafas Ray-Ban...: con qué placer vengativo despreciaba yo todo eso que encandilaba a mis compañeras de clase. Mi placer, exquisito, era traducir a Cicerón o aprenderme los afluentes del Ebro, y más exquisito todavía: salir a la pizarra, recitar la lección de corrido... y tener mejores notas que los chicos. En todo el bachillerato y la carrera, sólo suspendí una asignatura, y no por casualidad, naturalmente, aunque eso lo entendí más tarde: la costura. Lo que hacía mi abuela.

A los diecinueve años hice dos cosas importantes: perder la virginidad e ingresar en el Partido Feminista.

Lo primero fue un trámite, no especialmente agradable, algo así como pasar el examen de selectividad o el permiso de conducir; había que hacerlo para acceder a la etapa siguiente, la de una libertad maravillada: ¿podía acostarme con quien quisiera?, ¿de verdad? ¡Sí! ¡Podía! ¡Incluso por una sola noche...! Lo cierto es que fue solamente con los amantes de unos meses con quien descubrí el placer; los de una noche sólo me daban la satisfacción de sentirme libre, autónoma, moderna. De comprobar que, como decía mi abuela, yo no iba a ser una esclava.

¿Qué habría pasado si hubiera sido mi madre, en vez de mi abuela, la que hubiera encontrado en el suelo las llaves de mi amante de una noche? Bien mirado, supongo que nada. Se acababa de morir Franco, y la sociedad española estaba cambiando a un ritmo vertiginoso. En unos pocos años, se hizo una ley de divorcio, se despenalizó el adulterio, los anticonceptivos, que ya circulaban de extranjis, se legalizaron también... y mi madre vio cómo en todas las familias de sus amigos, y en la nuestra, sucedían, y se aceptaban con más o menos disimulo y más o menos resignación, cosas que sólo cinco años atrás hubieran sido escandalosas: embarazos fuera del matrimonio, parejas jóvenes que vivían juntas sin casarse, chicas que iban a abortar a Londres o Ámsterdam, a veces acompañadas por sus madres y padres... Yo creo que para mi madre, todo eso fue un alivio. Ya no tenía que vigilar a su hija, que imponerle, por prudencia, una moral que ella detestaba.

Mi segunda decisión fue política. Yo había empezado la carrera, Derecho, el año en que se murió Franco; y de pronto, viniendo del olímpico y elitista Liceo Francés, aterricé en la realidad española. Mi formación política fue acelerada: en octubre me sentía socialdemócrata, en noviembre, escuchando al profesor de Derecho Político, empecé a descubrir el marxismo, en diciembre me había convertido en eurocomunista, en enero prefería el maoísmo, por influencia de una amiga militante del Partido del Trabajo, en febrero estrenaba novio trotskista y me convencía la Cuarta Internacional… y en marzo me invitaron a un grupo de simpatizantes del Partido Feminista y sentí que ya no hacía falta buscar más: sin género de duda, ésas eran las mías. Nos reuníamos un grupito de media docena en casa de una de ellas, profesora de Prehistoria, y su novia. Aunque pronto dejé el Partido (la militancia no era lo mío), descubrí allí algo que me ha acompañado desde entonces: interlocutoras, compañeras, amigas, mujeres con las que dialogar, charlar, debatir, reír, compartir, de las que aprender. Ya no estaba sola en mi indignación, ni obligada a callarme la rabia por incomprensión del entorno. Con su ayuda empecé a conseguir algo que me ha preocupado siempre, que aún me preocupa: encauzar la furia que me provoca la injusticia, no dejarme aplastar por ella. Darle buen uso, convertirla en algo positivo: en compañerismo, en aprendizaje, en estímulo intelectual.

Necesitaba entender, y para eso, hablaba con mis compañeras y leía, leía, leía. Ya de la mano de mi madre me había sumergido en las obras de Anaïs Nin, Colette, Marguerite Duras, Nathalie Sarraute, todas feministas a su manera, incluso las que aseguraban no serlo; y naturalmente, había leído a Simone de Beauvoir, entera, del derecho y del revés: las novelas, las memorias, *El segundo sexo*. Ahora leía a Alexandra Kolontai, sobre la que hice mi tesina.

Como se comprenderá dados los antecedentes, yo he sido feminista desde que tuve uso de razón. Pero a este llamear de los dieciocho, veinte, veintidós años, siguió un enfriamiento. Me pareció que me estaba obsesionando. Años después, un día en que mi hija, que tendría entonces doce o trece, me contó que en la escuela le decían: «Estás obsesionada con la desigualdad, la ves en todas partes», yo le aconsejé que contestara: «La veo en todas partes porque está en todas partes. No soy yo la que estoy obsesionada, sino vosotros que estáis ciegos». Es algo que siempre he pensado. Pero a los veintitantos, sin dejar de pensarlo, preferí olvidarlo por un tiempo. Tenía miedo de que ser demasiado crítica con los hombres me impidiera relacionarme con ellos. Quería conocerlos, escucharlos, sin prejuicios. Quería encontrar uno con el que pudiera formar pareja, sin desconfiar *a priori*. Y lo encontré. Que fuese extranjero no fue casualidad: después de lo que me había contado mi madre sobre ir de putas y demás (al parecer, los únicos hombres que no lo hacían eran los muy católicos; sospecho que fue por ese motivo que yo a los trece años me hice católica, aunque me duró poco: pronto tuve que confesarme que no me creía ni una palabra), no me fiaba de los españoles.

A los veintimuchos o treinta y pocos años inicié una nueva etapa de mi vida, con dos proyectos: pareja e hijos, y escritura. ¿Cómo casaban uno y otro con mi feminismo? Respecto a la escritura, la cosa me parecía muy clara: ser escritora era planear por encima del vulgar mundo material de los hombres y las mujeres; «la gran mente es andrógina», había dicho, creía yo, Virginia Woolf (en realidad la frase no es suya: es de Colerigde, y ella la cita sólo condicionalmente, pero eso lo descubriría más tarde), y de hecho, uno de los motivos de mi vocación literaria era sin duda mi convicción de que escribir era no ser hombre ni mujer, o ser mujer y hombre a un tiempo: mujer porque las relaciones personales y las emociones serían el tema de mi escritura, hombre porque tendría una profesión pagada y con proyección pública. En cuanto a la pareja, me parecía que el hombre que había tenido la fortuna de encontrar era perfectamente igualitario, y no me haría ninguna de las faenas que hacían a sus mujeres los varones educados en ese país patriarcal y fascista que había sido España hasta hacía cuatro días.

Tardé algunos años en comprender mi ingenuidad. En 1992, recién llegada a Madrid (antes habíamos vivido en Barcelona y París) y decidida a iniciar en serio una carrera literaria, vi que se celebraba en la que ahora era mi ciudad un congreso titulado La Novela en Europa, en el que participaban veinte novelistas... todos ellos varones. ¿Cómo? ¿Veinte, de veinte? ¿Distintas edades, distintos países, distintas lenguas, distintas tendencias literarias..., pero el mismo sexo? ¿En toda Europa no habían sido capaces de encontrar a una sola escritora? ¿Y nadie protestaba, a nadie le llamaba siquiera la atención...? Fue como un mazazo, un golpe en la cabeza que me despertó bruscamente de mi ensoñación, esa fe en que existía —y yo, por mis méritos, podría acceder a él— un mundo, el de la cultura, en el que ser hombre o mujer no importaba, en el que éramos puros espíritus y nadie tenía privilegios de nacimiento... Recuerdo también una tarde de sábado en la que yo estaba trabajando penosamente en una novela, con la incertidumbre de siempre, las preguntas de siempre —¿qué estoy haciendo, si esto no es ocio, pero tampoco un trabajo pagado; para qué estoy esforzándome?—, la respuesta de siempre —lo hago por la satisfacción de la obra y la de que sea recibida, reconocida— y cayó en mis manos una revista que anunciaba una lista de «los cien libros más influyentes de la cultura española en los últimos cien años». Que no figurase entre ellos ningún libro mío (a pesar de que se incluían obras de varios autores de mi generación) me mortificaba, pero podría haber sido un acicate: no lo he conseguido todavía, pero si trabajo mucho y bien lo conseguiré, podría haber pensado. Pero se daba el caso de que de los cien libros, noventa y siete eran de hombres: estaba claro que no era nada personal; simplemente, aunque no fuera deliberado, ni consciente siquiera, se excluía a las mujeres. («Los hombres no es que no nos quieran, es que no nos ven», dice Rosa Regàs). ¿Para qué esforzarme, entonces? Empezaba a comprender tantas carreras de escritoras, o pintoras o compositoras, que mueren de inanición, que se apagan en medio de la indiferencia del entorno. Alarmada, empecé a mirar a mi alrededor y contar: en los jurados y en el palmarés de los premios literarios, en las programaciones de los museos y de los cines, en los ciclos de conferencias, en la lista de «Últimos títulos publicados» que figuraba en la solapa de las novelas que leía… y a descubrir que era la tónica general.

En cuanto a la pareja, al principio sí pareció que era de iguales. Los dos trabajábamos, los dos ganábamos un sueldo… Es verdad que yo me ocupaba más de la casa que mi marido, pero la casa daba tan poco trabajo… Es verdad que pronto mi marido empezó a ganar más que yo, pero me parecía normal: trabajaba en un ámbito, las finanzas, mucho mejor remunerado que el mío, la edición... Y lo que entre los dos ganábamos nos permitía contratar a una asistenta a horas, que hacía las tareas más pesadas.

Con veintinueve años yo había empezado a trabajar en una editorial de Barcelona, como directora de la colección literaria. Los jefes, varones, naturalmente, me acogieron con una actitud que yo ya conocía (mi padre y sus amigos me trataban igual), que no era desagradable, que podía incluso tomarse por un privilegio, una actitud que luego he visto cómo rodea a muchas mujeres jóvenes: complaciente, paternal, un punto equívoca. Yo les hacía gracia. Les gustaba sentirse fuertes, sabios, poderosos, protectores, y algo seductores también, ante la mirada admirativa de una mujer joven que, a diferencia de un varón, nunca les haría sombra.

Todo eso, por supuesto, se estaba diluyendo a medida que mi juventud y mi novedad perdían brillo, a medida que pasábamos, digamos, a las cosas serias..., pero hubo algo que marcó claramente el fin de esa etapa, y fue que yo me quedé embarazada.

Cuando nació nuestra hija, ¿quién iba a cuidarla? ¿Quién iba a dejar total o parcialmente de trabajar, quién iba a sacrificar ascensos profesionales, oportunidades, viajes...? La respuesta, desde un punto de vista de lógica económica, estaba clara: mi marido ganaba mucho más; si era yo la que renunciaba, nuestros ingresos totales disminuirían menos. Pero no era sólo eso: es que yo había acumulado suficiente experiencia en el mundo laboral-profesional como para sentir que en él las mujeres no éramos del todo bienvenidas. Años más tarde, cuando he conseguido encontrar (o crear) un mundo profesional mucho más a mi medida, compuesto esencialmente por mujeres, he percibido una atención, un respeto, una calidez... que era justamente lo que echaba de menos: entonces, en su momento, no lo sabía (sólo me sentía dejada de lado, mirada con desconfianza, en la empresa), pero ahora puedo comparar. En ese momento, lo que me dio la satisfacción de sentirme necesaria y valorada, esa que para mi decepción no estaba encontrando como editora ni como escritora, fue mi papel de madre.

La maternidad fue el detonante de mi cambio de rumbo. En los primeros años de matrimonio, yo podía pagar la mitad (o algo más o algo menos; una parte sustancial, en todo caso) de las cosas que teníamos, la vida que llevábamos. Poco a poco, y después de ser madre sobre todo, yo fui ganando menos y mi marido fue ganando más, porque él podía ofrecer, y yo no, algo fundamental para progresar laboralmente: una total disponibilidad. La cuestión no era quién planchaba y cocinaba: él, yo o la asistenta; la cuestión era quién asumía la responsabilidad, y tenía disponibilidad, para cada uno de los ámbitos en los que, sin que consiguiéramos evitarlo, se había dividido nuestra vida: el profesional-económico y el doméstico-familiar.

Los factores objetivos, externos, de que yo me fuera convirtiendo en ama de casa y madre (sí, también era escritora, pero en los ratos libres) los entiendo sin dificultad. Pero ahora me pregunto qué parte de responsabilidad tuve yo en ese proceso.

Lo primero, claro, fue el agotamiento. No podía más de ir a contracorriente. De que me dieran lecciones, me miraran con desconfianza, me excluyeran. De pelearme con el colegio porque si la niña o el niño tenía fiebre me llamaban a mí, jamás a su padre. De escuchar la cantinela: «Pero ¿por qué trabajas tanto?, si tu marido…». De ver lo que ganaba yo y compararlo con lo que ganaba él y pensar que quizá, efectivamente, no valía la pena que me esforzara tanto. De que me riñeran las maestras, el pediatra, el monitor de esquí, la dentista… por no hacer lo que ellos consideraban que me correspondía a mí y sólo a mí. De debatir con mi marido, que fruncía el ceño si al llegar a casa encontraba el suelo sucio o los niños sin vigilancia, o que empezaba a pedirme que le recogiera en el aeropuerto o que llevara sus trajes a la tintorería o que le hiciera y deshiciera las maletas, como si trabajar en casa (escribiendo) fuera lo mismo que no trabajar, como si yo estuviera disponible para todo, como si tuviera que servirle, como si mi tiempo no valiera nada.

Sin embargo, hay también algo fundamental que descubrí en esos años. Algo con lo que contaba y que lo complicó todo, algo que me ha hecho revisar mi propio relato. Un secreto.

A medida que se disipaban las brumas y la indefinición de la juventud, aparecían claramente dos modelos de vida, de identidad, el masculino y el femenino. Como si hubiera estado dando tumbos pero hubiera encontrado por fin unos raíles, mi marido ahora iba a toda velocidad: trabajaba mucho, ganaba mucho dinero, tenía mucho poder… y asumía las actitudes, los valores, que comportaba su nuevo estatus. La sociedad le recompensaba con unos privilegios: la riqueza, el poder, la libertad de movimientos, el respeto, deferencia, admiración que sentía a su alrededor… a los que él no quería renunciar: que trabajara menos, ganara menos, ascendiera menos, para ir a buscar a los niños al colegio o quedarse en casa si alguno estaba enfermo, era impensable.

Yo también me había tropezado con esos raíles —en mi caso los del modelo femenino—, pero no tenía tan claro que me gustaran... Sólo que tampoco tenía claro lo contrario. Veía que el modelo masculino, al que mi marido había vendido su alma, yo no lo quería para mí: esa frialdad, esa agresividad, esa obediencia acrítica a los valores dominantes... Esa necesidad imperiosa de tener lo que había que tener: esposa, hijos, tal casa, tal coche... no tanto para disfrutarlo como para exhibirlo ante los otros hombres... No, yo no quería eso; eso no era la felicidad para mí (ni, sospecho, para él, para ellos, sólo que no se atrevían a planteárselo siquiera: hay que ser muy valiente para renunciar a la aprobación del mundo).

Había un secreto, sí. Un secreto que no se me ocurrió buscar en mi abuela —aunque saltaba a la vista—, que no conseguí adivinar en mi madre —tapado como lo tenía por una capa de furia—, pero que descubrí, para mi sorpresa, en mí misma: y es que muchas cosas de las que hacen las mujeres, y que hacíamos nosotras también por ser mujeres, nos gustaban. Podía ser aspirar el olor de los tomates, o pasar la mano, como despeinándola, por la mata de albahaca en el alféizar, o rebañar el cuenco en el que se ha preparado la masa de un pastel... Podía ser vestirse y arreglarse, coquetear, seducir, probarse pendientes y peinados frente al espejo... Podía ser mostrar un amor concreto, carnal (no distante y abstracto como el de los padres) hacia las hijas e hijos... Podía ser la libertad que da el anonimato, podía ser una vida modesta, con los pies en la tierra, sin necesidad de exhibir nada..., pero había algo, sí, incluso mucho, en ese papel tradicional femenino, que nos gustaba.

A mí, por ejemplo, me gustaba… ¿qué me gustaba? No era exactamente ser madre: como a mi madre, a mí los niños me cansaban y me aburrían. Tampoco era exactamente ser ama de casa: no quería fregar ni planchar; pagaba a una asistenta para que lo hiciera. Pero me gustaba hacer la compra, cocinar (de vez en cuando), tener una casa bonita, ordenada, acogedora… Y sobre todo me gustaba otra cosa… difícil de definir. La palabra, quizá, era sentir. Mi marido se estaba volviendo insensible, acorazado. Yo sentía, y sintiendo, disfrutaba: disfrutaba del olor impreciso pero identificable de mi casa; disfrutaba de leer echada en el sofá; disfrutaba del frío y de llevar botas; disfrutaba de besar y abrazar a mis hijos; disfrutaba de charlar y reír con mis amigas…

Ese descubrimiento me desconcertó. ¿Qué hacer…? Los primeros años, cuando mi hija, después mi hijo, eran muy pequeños, yo acepté convencida una distribución tradicional de roles entre mi marido y yo. Luego, me fui distanciando de mi marido: los valores que él encarnaba me resultaban útiles —él traía el dinero a casa y lidiaba con el mundo en su faceta más hostil: coches, seguros, hipotecas…—, pero cada vez me gustaban menos. Y en la vida que yo llevaba, había algo que me incomodaba, me humillaba incluso, y no sabía muy bien qué…

Así fue como volví a acercarme al feminismo: para entender mi vida. Para librarme de ese malestar vago que me estaba envenenando, acabar con esa angustiosa sensación de que te pasa algo, algo te falta, algo no te gusta, algo no cuadra…, pero no sabes definirlo. En el ámbito de la literatura, y de la cultura en general, constatar la exclusión o marginación de las mujeres me llevó a leer, leer, leer. *Una habitación propia* de Virginia Woolf, *Política sexual* de Kate Millett, *La petite soeur de Balzac* de Christine Planté, *La loca del desván* de Sandra Gilbert y Susan Gubar, *La creación de una conciencia feminista* de Gerda Lerner, los libros de Griselda Pollock, Rozsika Parker, Linda Nochlin, Adrienne Rich, Joanna Russ, Judith Fetterley… me fueron abriendo los ojos. De la situación humillante y además incomprensible que era mi punto de partida (¿cómo, quiénes, por qué, nos excluyen?), he pasado a un verdadero placer intelectual: cada vez entiendo más… y puedo defenderme mejor. Y al estímulo intelectual se ha añadido el placer de la acción, de la complicidad, de la sororidad, a través de Clásicas y Modernas, una asociación para la igualdad de género en la cultura que otras compañeras y yo creamos en 2009.

En lo personal (donde también me ayudaron muchos libros, sobre todo dos: el diario de Sylvia Plath y *La fantasía de la individualidad* de Almudena Hernando), cuando quise revisar, cambiar, el tipo de matrimonio que formaba con mi marido, el tipo de vida que llevábamos, fue demasiado tarde. Sólo pude volver a empezar, divorciándome; y me llevé la ingenua sorpresa de pagarlo carísimo en términos económicos. Ahora, con los años, he comprendido cuál es el problema, mejor dicho, los problemas, o las trampas. Primero: que esos valores, ese modo de vida, que se nos ha atribuido a las mujeres, tienen mucho de bueno…, pero no hay motivo para que sea sólo nuestro; si es bueno, es bueno para todos; compartámoslo, y compartamos también lo que el trabajo doméstico y de cuidados tiene de pesado y aburrido. Segundo: es totalmente injusto que ese trabajo, en vez de ser recompensado por el beneficio social que aporta, penalice a quien lo hace; las mujeres, condenándonos a la dependencia económica

—con la desvalorización social y la falta de libertad que eso conlleva— y si la rechazamos, a la pobreza.

Por mi clase social, soy una privilegiada; sé muy bien que es eso, más que el mérito, lo que me ha permitido salvarme de muchas injusticias que afectan a las mujeres: siempre he podido pagar a otra para que planchara o recogiera a los niños; cuando el aborto estaba prohibido en España, yo sabía que si hacía falta podría coger simplemente el primer avión a Londres; la ayuda económica de mis padres compensa la escasez de mi futura pensión... Pero sí hay injusticias que sufro como mujer: la discriminación profesional, la invisibilidad social, el miedo a la violencia, la falta de compensación económica por el trabajo doméstico y de cuidados al que he dedicado tantos años... Por otra parte, algunos de los valores que se fomentan en las mujeres me han dado, como dije, mucha felicidad (una felicidad que ojalá los hombres conocieran también). De todo esto soy consciente gracias al feminismo.

El feminismo me ha aportado conocimientos, espíritu crítico, estímulo intelectual; me ha regalado ideales, activismo, amistad e intercambio con otras mujeres y con algunos hombres, así como las bases de una nueva pareja, que por ser igualitaria resulta mucho más interesante y enriquecedora que la anterior... Decididamente, ser feminista es una de las mejores cosas que me han pasado, o que he elegido, en mi vida.

VIDA DE UNA DISCÍPULA DE SATANÁS

Clara Usón

Clara Usón (Barcelona, 1961) estudió Derecho y trabajó como abogada y traductora de textos jurídicos antes de dedicarse a la escritura. Obtuvo el Premio Femenino Lumen en 1998 con su primera novela, *Las noches de San Juan*. Después publicó *Primer vuelo* (El Aleph Editores, 2001), *El viaje de las palabras* (Plaza & Janés, 2005) y *Perseguidoras* (Alfaguara, 2006). En 2009 ganó el Premio Biblioteca Breve por *Corazón de napalm*, a la que siguieron *La hija del Este* (2012; galardonado con el Premio de la Crítica, el Premio Ciutat de Barcelona y el Premio de la Cultura Mediterránea), *Valor* (2016) y *El asesino tímido* (2018; ganador del Premio Sor Juana Inés de la Cruz), todas ellas publicadas en Seix Barral.

Me han pedido que escriba sobre lo que está sucediendo en el feminismo desde un punto de vista autobiográfico. Si pienso en mí, de forma inevitable miro hacia atrás, el presente lo vivo como puedo, lo sobrellevo pero no lo comprendo, para eso necesito tiempo, sólo cuando se haya transformado en pasado podré entrever la figura que con mis trazos azarosos, erráticos, estoy dibujando, y llegar a algo parecido al análisis, a la comprensión, que es siempre falaz pero consuela, así que me propongo revisar mi vida desde la perspectiva de los nuevos postulados feministas, observar (y juzgar) mi experiencia personal como mujer con las gafas de la nueva conciencia feminista, y ver qué ocurre. Éste es el resultado de mi experimento:

1

Estoy en 1974, tengo trece años y voy al colegio; camino a paso vivo por la Avenida de Esplugues, una calle larga y deslucida, con unos pocos edificios dispersos entre desmontes y solares vacíos; al llegar a la altura del puticlub —una casita chata, camuflada entre árboles—, advierto horrorizada que la prostituta rubia ya está en su puesto, paseando su rostro pálido y resignado por la acera de enfrente, y echo a correr como si me llevara el diablo. La puta es mi reloj; que ella ya esté en la calle significa que son las nueve de la mañana y otra vez estoy llegando tarde;

mientras galopo por la avenida interminable, cargada con mis libros y mis carpetas forradas de adhesivos, improviso una excusa —una excusa nueva, original, todo un reto— para mi enésimo retraso, y me siento culpable por no poder pararme, siquiera unos segundos, para explicar a la mujer que mi súbita estampida nada tiene que ver con su profesión ni implica juicio moral alguno (soy una niña progresista; mi colegio también es progresista, aunque extremadamente convencional en cuanto a puntualidad), si cada vez que la veo, me lanzo a la carrera, es porque no tengo reloj desde que se me estropeó el que me regalaron para la comunión y me oriento a tientas en el tiempo mediante señales arbitrarias, como esa prostituta desganada haciendo la calle todos los días a las nueve en punto de la mañana.

—¡Detente! —me conmina una voz poderosa, la voz de la activista *me too* que me acompaña—. Tienes la obligación moral de hablar con esta víctima de la explotación sexual para ofrecerle tu solidaridad como fémina.

—Pero es que voy retrasada, ahora no puedo pararme.

—¿A qué vienen estas prisas? —me dice, burlona, la activista—. ¿Para qué quieres estudiar, boba? ¿No sabes que ante la ley eres un ser inferior, que las mujeres españolas no pueden abrir una cuenta corriente, aceptar una herencia, alquilar o comprar un inmueble, pedir un pasaporte, viajar al extranjero o trabajar, sin permiso paterno o marital, y que tu madre, esa mujer que te parece tan poderosa, está en todo sujeta a la autoridad de tu padre? ¿Crees que podrás hacer lo mismo que tus hermanos varones, que podrás ser abogada o médica o investigadora, si estudias lo bastante? ¡Eres una ingenua!

Y era una ingenua sí, una ignorante, no tenía idea de esas restricciones legales que afectaban, bajo el franquismo, a todos los seres humanos con pechos y ovarios; no sabía que sólo los seres con testículos podían ser dueños de sus propias vidas (y de las de las mujeres que de ellos dependían), y casi mejor así, ¡bendita ignorancia!, casi mejor que pudiera hacerme ilusiones, que no lo supiera.

Un año después, en 1975, muerto Franco, esas leyes nefastas fueron derogadas.

¿Y todo cambió? No, apenas.

2

Es 1977, vuelvo del colegio —el mismo colegio, la misma avenida desalada y a oscuras, es por la tarde—; estoy en plena edad del pavo, me contoneo con suma torpeza sobre unos tacones que no sé llevar, un automóvil se detiene a mi altura, el conductor me hace señas, baja la ventanilla; aunque tímida, soy educada, me acerco al coche, bajo la cabeza al nivel de la ventana y presto oído.

—¿Cuánto cobras por un servicio? —me pregunta el tipo, y yo me aterro y escapo a la carrera.

—¡Quieta! ¿Adónde vas, cobarde? —me increpa airada la activista *me too*, agarrándome del brazo y haciéndome trastabillar—. Vamos a decirle cuatro cosas a este pederasta y luego iremos a denunciarlo a comisaría.

—¡Suéltame! —le digo—. Estoy muerta de miedo, ¡déjame correr!

Es una constante en mi vida, huyo desolada ante las dificultades, como en aquella ocasión, cuando tenía diez años, en que me topé con un exhibicionista y puede que batiera el récord de velocidad de los mil metros.

3

Un año después: ya he cumplido los diecisiete y hago COU; tengo las tardes libres y, para evitar que me descarríe, mi padre me obliga a ir a su despacho a hacer como que ayudo a las secretarias y a encargarme de los recados (mi ocupación favorita). Llaman al timbre —abrir la puerta es uno de mis pocos cometidos—. El visitante es un amigo de mi padre, un cincuentón de pelo cano, traje cruzado, rizos engominados, que viene fumando un puro.

—¡Hola, Clarita! ¡Qué alegría verte! —Y, sin más preámbulo, me abraza y me enrosca la lengua en la oreja.

Me zafé como pude y corrí a guarecerme a la sala de las secretarias, buscando la protección de las compañeras. Y no, no lo insulté como se merecía, ni me enfrenté a él, tampoco les conté a mis colegas lo que me acababa de suceder. «¡Por lo menos díselo a tu padre!», me urge, indignada, la activista *me too*, «que se entere de lo que te ha hecho este amigote suyo», pero cómo iba yo a contarle algo así a mi padre, me hubiera dado vergüenza, y mi padre, ¿cómo habría reaccionado?, tal vez se hubiera reído, no le habría dado mayor importancia: puede incluso que se hubiera sentido halagado: si yo hubiera sido un «cardo» —a los ojos de un hombre, el peor pecado que podía (puede) cometer una mujer, es ser indeseable—, su amigo no me habría asaltado. Y era algo normal entonces, gajes del oficio de ser mujer y joven: te dedicaban piropos obscenos, te metían mano, y lo único que podías hacer era escabullirte, mirar al suelo y apretar el paso, mientras sentías cómo el rubor te subía por la cara y te defendías con timidez —«¡Déjame!», «Haz el favor», «¡No seas pesado!»—, pero nunca montabas un escándalo, no había para tanto, por eso cuando el profesor de la autoescuela me acariciaba el muslo en clase de prácticas yo me limitaba a ponerme nerviosa, rígida («¡Ya se te ha vuelto a calar el coche! ¿Cuántas veces te tengo que decir que no sueltes el embrague?»), y a apartarle la mano sin brusquedad, casi con delicadeza, mientras los dos fingíamos estar concentrados en mi torpe manejo del volante.

4

De un salto me planto en los ochenta, a principios de los locos, excitantes, tóxicos, despreocupados años ochenta (hablo por mí, hubo gente sensata que no se tomó la vida con tanta ligereza); estoy tendida en una camilla de una clínica clandestina, con un cura y un guardia civil como ángeles custodios, las piernas abiertas en la consabida posición ginecológica; un joven y apuesto médico holandés hurga en mis partes pudendas. Quiero decirle algo, pero me cohíben las admoniciones y amenazas de mis ángeles. «¡Estás cometiendo un pecado mortal! ¡Asesina! ¡Discípula de Satanás!», truena el de la sotana, mientras el del tricornio hace tintinear unas esposas y me recuerda que «abortar en España es un delito por el que te pueden caer cuatro años». «Lo sé, yo hubiera querido ir a Londres, como hacen todas, pero no tengo dinero para el viaje», intento disculparme, «tenía cita el jueves pasado en una clínica de la calle Caspe, pero el día anterior, ustedes, señores de la benemérita, hicieron una redada en ese centro y arrestaron al médico, a las enfermeras y a todas las pacientes, y ahora estoy muerta de miedo, temo que en cualquier momento una pareja de tricornios irrumpa en esta sala y me lleve al cuartelillo, por eso quisiera decirle al médico que se dé prisa».

La operación me costó cincuenta mil pesetas, que pedí prestadas (durante años siempre tuve ahorrada esa cantidad, por precaución, para sentirme segura). El hombre que me preñó no quiso saber nada; el aborto es asunto de mujeres; la culpa, también, sólo suya; los hombres suelen (o solían) declinar toda responsabilidad, como si las mujeres que abortan fueran reencarnaciones de la Virgen María.

—¡Abortar es tu derecho! ¡Tu cuerpo es tuyo, no del Estado, ni de la Iglesia! ¡Aborto libre y gratuito ya! —me arenga la activista *me too*.

—No puedo estar más de acuerdo —le digo—, pero esto es España, la católica España, no estamos en Europa.

Y no lo estábamos, no todavía.

5

Unos años más tarde me pavoneo con mi toga por los pasillos de la Audiencia Territorial de Barcelona. ¡Soy abogada! (Aunque en mi tarjeta de visita figuro como «Abogado», queda mejor, más profesional). Me he hecho abogada por fastidiar a mi padre, por llevarle la contraria; él, que es abogado, soñaba con que mi hermano le sucediera; conmigo no contaba, aunque yo sí estudié Derecho, a diferencia de aquél. Decidí demostrarle con hechos que yo era tan capaz como cualquier hombre (ahora que reflexiono, caigo en la cuenta de que me he pasado la vida intentando probar que valgo tanto como un hombre —no más, ¡eso sería soberbia!—). De modo que allí estoy, frente a la puerta de la Sala de lo Penal de la Audiencia Territorial, vistiendo una toga sucia y grande, hecha un manojo de nervios. La próxima vista es la mía; tengo apalabrada con la fiscalía la confesión de mi defendido, a cambio, le impondrán la pena mínima. Es un buen arreglo porque mi cliente de oficio ha sido grabado con cámaras de vídeo atracando un banco. Llegado el momento de la verdad, él lo niega todo y el fiscal me mira con inquina; no hay nada que hacer, le va a caer la pena máxima. Tras el juicio, tengo la última entrevista con el sujeto. Estoy furiosa con él, no ha respetado el trato y me ha desacreditado ante la fiscalía. Él no da mayor importancia al desencuentro, tiene doce años de prisión por delante por otros delitos; me explica que unos compañeros de calabozo le han aconsejado que lo niegue todo y ha decidido hacerles caso.

—¡Qué elegante y qué guapa estaba usted con la toga! —me piropea para que me ponga contenta—. Cuando salga, nos iremos usted y yo, con mi hermana y mi cuñado, a tomarnos una cocacola a la Font del Gat.

Puede que mi padre llevara razón: no había manera de que me tomaran en serio, pero me cuesta darme por vencida. Encontré trabajo en un despacho de abogados; el jefe me dio confianza, decía que yo era su mano derecha, hasta que un día me comunicó que se veía obligado a apartarme de un asunto, en el que teníamos como cliente a una multinacional japonesa, porque los japoneses se negaban a que una mujer los representara —«No te lo tomes a mal, es su cultura»—. Fui sustituida por un abogado varón más joven que yo y con menos experiencia.

6

No me desalenté, busqué otro trabajo, me hice asesora de un banco. A los anteriores abogados varones les daban el trato de Don tal y Don cual, yo era «la Clara» o «esa chiquita», «la niña que está en Asesoría Jurídica». La secretaria del departamento se tomó como una afrenta que le hubieran puesto de jefa a una mujer más joven que ella, me hizo la vida imposible de principio a fin (dejé el trabajo por su causa), puedo dar fe de que existen mujeres machistas. Un comercial del banco solía entretenerse llamándome por teléfono por el mero placer de oír mi voz («Tienes una voz muy sexi, ¿no te lo han dicho nunca? ¿Qué perfume llevas? Me encanta cómo hueles»), y me visitaba a deshoras para pedirme, por favor, que le hiciera una fotocopia (él era un hombre, no sabía apretar el botón de la máquina fotocopiadora). Yo me mostraba seca y cortante con él, pero nunca se me pasó por la cabeza denunciarlo al jefe de recursos humanos.

—Tú eras boba —me dice la activista *me too*.

—Eran otros tiempos —me defiendo—, no sabíamos lo que sabemos ahora. Pero sí, era boba, porque sólo una boba hubiera reaccionado como yo reaccioné la mañana en que un miembro del consejo de administración del banco me pidió un café (con mucha educación, eso sí: «Señorita, por favor, ¿me puede traer un café?»). Nos hallábamos en la sala de juntas del banco veinticuatro hombres y yo; era una reunión muy importante, tanto que asistía en pleno el consejo de administración. Yo respondí, amabilísima: «Sí, ¡cómo no!», y muy apurada salí de la sala en busca de una mujer, cualquier mujer de jerarquía inferior a la mía, para encomendarle el servicio (a los hombres, salvo que sean camareros, no se les piden cafés). Unos minutos después, cuando ya nos habíamos sentado a la imponente mesa de la sala de juntas, tomé la palabra y expuse a los presentes la estrategia legal a seguir en un procedimiento del que dependía el futuro del banco, procurando evitar la mirada del consejero aquel, quien no debía dar crédito y sin duda se preguntaba, escandalizado, cómo se le había ocurrido al consejero delegado confiar un asunto de tanta enjundia a la chica que servía los cafés.

Y son sólo algunos ejemplos, y no los peores, del machismo que yo, una mujer privilegiada, independiente, con estudios, he sufrido a lo largo de mi vida. Pero aquello sucedió en un pasado remoto, en el siglo xx, en la actualidad todo está mejor, mucho mejor... ¿verdad que está mejor? El aborto ha sido despenalizado, hay mujeres juezas, médicas, abogadas, políticas (y no nos avergüenza decirlo así: médica, jueza, abogada); tenemos divorcio, matrimonio homosexual, leyes de género e igualdad, ¿por qué seguimos protestando?, ¿nos quejamos de vicio?

«Les das la mano y te quitan el brazo», eso opinan los hombres airados; «con gran generosidad permitimos a las mujeres el desempeño de trabajos cualificados que siempre han sido patrimonio nuestro, nos resignamos a ser tratados por una mujer médica, juzgados por una magistrada, ¡multados por una guardia urbana! y, encima, quieren cobrar lo mismo. Pretenden que compartamos el poder con ellas, mejor dicho, ¡quieren quitárnoslo!, no les basta con ser juezas, exigen ser presidentas del Tribunal Supremo, o del consejo de administración de una compañía del IBEX, o dirigir la Real Academia. No conocen sus límites», piensan los machos airados, «les dejamos escribir y publicar como si fueran hombres (al fin y al cabo, ya sólo leen las mujeres), y nos reclaman que reconozcamos su excelencia, cuando está comprobado que el verdadero talento, la genialidad, es cosa de hombres; el cerebro femenino es más pequeño y da para lo que da, es una limitación biológica, ya es hora de que la acepten. Nosotros somos más inteligentes y capaces, pero no tenemos inconveniente en admitir que ellas son más sensibles, más tiernas (¡qué bien nos cuidan!) y más prácticas (el corto vuelo de su inteligencia hace que su mirada esté a ras de tierra, de modo que el genio masculino puede elevarse y perderse en las alturas, sabedor de que al descender encontrará la comida hecha, la casa limpia, y los niños en la cama, ¿qué sería del genio varón sin la mujer eficiente que se ocupa de la logística, haciendo posible que él se vuelque por entero en su profesión o en su arte?).

»¿No os basta con ser musas, con que al recibir el Premio Nobel nos acordemos de vosotras y os demos las gracias por ser buenas madres y esposas? La mujer es el complemento ideal del hombre, ¿por qué estáis empeñadas en ser nuestras rivales?».

Pues no, ya no nos resignamos a ser musas, esposas, o madres, a ser identificadas por esos papeles, no nos conformamos con una habitación propia, ¡queremos la casa entera!

¡Más madera, que es la guerra!

En el siglo XXI, la lucha feminista es de poder. Será —es— cruenta y nosotras ponemos las víctimas (más de mil mujeres muertas por violencia de género en España en la última década, casi dos mil violaciones a mujeres denunciadas en España en 2018, por no hablar de malos tratos, lesiones, intimidaciones…; las cifras son espeluznantes); es una lucha desigual, hasta el lenguaje juega en contra nuestra: hace unos meses asistí en Barcelona a la entrega del Premio Carvalho a la gran escritora argentina Claudia Piñeiro; el responsable de cultura del Ayuntamiento dijo de ella en su alocución que es «una de las mejores escritoras argentinas de la actualidad» y yo sentí la involuntaria mezquindad de ese elogio, que provenía del machismo intrínseco de la gramática y de la lengua españolas, que excluye con la terminación de un artículo a la mitad del género humano; si digo «uno de los mejores escritores de Argentina», abarco a todos los autores, mujeres y hombres, pero al darle la terminación femenina reduzco drásticamente su preeminencia; la sintaxis de la lengua castellana refuerza el dominio, el poder masculino, es una trampa de la que no sé cómo podremos salir, a las mujeres la excelencia nos viene denegada por la lengua.

El macho airado se está organizando, ya tiene partidos políticos abiertamente misóginos, o, mejor dicho, antifeministas, que opinan, como su Santidad el Papa Francisco (el que decían que era progresista), que «todo feminismo acaba siendo machismo con faldas», recordándonos que para la Iglesia, la mujer es, por encima de todo, «esposa y madre» (da que pensar que el Papa decidiera inaugurar un sínodo dedicado a abordar los abusos sexuales cometidos por miles de sacerdotes católicos pederastas, metiéndose con las mujeres; la misericordia del Señor es infinita, la misoginia de la Iglesia católica también).

Es hora de gritar más fuerte que nunca: «¡Fuera rosarios de nuestros ovarios!» y de plantar cara al pujante neofascismo que, como el fantasma de Marx, pero de signo distinto, recorre Occidente y goza de enorme vigor y plena salud en nuestro desdichado país.

No podemos rendirnos, ni retroceder, ni quedarnos quietas; en estos últimos años hemos descubierto algo que desconocíamos: juntas, tenemos poder.

He alcanzado la respetable (y alarmante) edad de cincuenta y ocho años y estoy convencida de que mi vida habría sido mejor, más fácil, de haber nacido hombre; ojalá las mujeres que nazcan dentro de treinta, o cincuenta, o cien años, no lleguen a esta triste conclusión.

LA FORASTERA

María Sánchez

MARÍA SÁNCHEZ (Córdoba, 1989) es veterinaria de campo y escritora. Colabora habitualmente en medios de comunicación con textos sobre literatura, feminismo, ganadería extensiva y cultura y medio rural, así como en Carne Cruda Radio con la sección Notas de campo. Coordina proyectos en los que conecta el proceso de creación literaria con el medio rural. Participó en la antología poética *Apuestas* (La Bella Varsovia, 2014), su primer poemario fue *Cuaderno de campo* (La Bella Varsovia, 2017) y su último libro es el ensayo *Tierra de mujeres, una mirada íntima y familiar al mundo rural* (Seix Barral, 2019).

«*é a minha própia casa, mas creio que vim fazer uma visita a alguém*»

MARIA GABRIELA LLANSOL

1

Siempre que vuelvo no lo puedo evitar. Necesito entrar en el cuartillo del patio, dejar que el espacio se llene de luz, de aire fresco. Como si fuera una condición indispensable para que los habitantes del espacio comiencen de nuevo a existir. Vuelvo y abro la puerta, cerrada con pestillo, dejo que la luz haga de nuevo su trabajo. Me creo emisora de algo importante, un eslabón entre la luz y los objetos necesarios para que ellos puedan comenzar a aparecer, y dejar así, una vez más, la sombra. Es curioso que tenga que hacer uso de la anatomía (abrir una puerta con mi mano) y de un elemento externo a mi cuerpo y al espacio en sí (la claridad) para que todo recobre sentido. Llegar de fuera y refugiarme entre los que me esperan para sentirme de nuevo como en casa. Pero la luz siempre hace su trabajo, y con él se comienzan a perfilar los contornos y deletrear uno a uno cada uno de sus nombres. Y empiezan delante de mí pequeñas hijas, nanas, semillas, que hasta ahora eran totalmente extrañas y no formaban parte de mi narrativa. Ahora las necesito, son una pieza fundamental, ese pequeño espacio, como un almacén, se convierte en una trinchera donde refugiarse y coger aire para volver a atacar, a escribir.

En la mesa hay un hule de plástico roto, tiene agujeros, probablemente se caería algún cerillo encima y traspasó la protección, llegando hasta la mesa. La madera que se deja ver enseña, cuenta, muestra sus arrugas sin miedo. La misma edad tiene el peso, repintado con capas de pintura, una mezcla de colores entre gris y azul que hace que parezca de mentira, recién comprado en un bazar de barrio. Sobre él descansan diferentes pesas, también pintadas, como un intento en vano de disimular el tiempo. También un ramito de hinojo, atado con un retal de florecitas celestes, hijo desgarrado de alguna bata o vestido de una antepasada desconocida. También reposan algunas patatas, cebollas, pequeñas ramas de laurel. En otra mesa hermana, pegada, colocada de forma perpendicular, aprovechando el poco espacio, cajas y cajas llenas de calabazas, y tarros de cristal vacíos con sus tapas. Encima cuelgan canastos de mimbre, bolsas de plástico, paelleras, ollitas, teteras. No hay ninguna pared sin descanso, un pequeño mueble sin puertas y sin cajoneras a rebosar de botecitos llenos de semillas. Algunas se dejan mecer por la luz, otras siguen dormidas, secas, latentes, en pequeños papeles plegados a modo de ataúd.

Hay una cuerda invisible entre todos los elementos que no se ve pero late, como una presencia, todavía extraña, como alguien que se esconde, invisible pero que se siente, como una respiración que se acelera porque intuye que en un período de tiempo que puede palparse, acortarse, delimitarse, será descubierta.

Y duele.

2

es mi propia casa, pero creo que vine a visitar a alguien

3

Mi propia casa.
Mi genealogía.
Mi árbol.
Mis (los) otros cuerpos de los que vengo.

Hasta hace poco me he sentido una forastera en mi propia
casa. Mejor dicho, en ciertos lugares concretos de la casa.
Alguien que parece que siempre está de visita, y que en
cualquier momento va a agarrar bolso y chaqueta y partir.
Una extranjera sin lugar de origen, sin canciones de infancia, sin olores que traen recuerdos, sin arraigo. Pero
no, estos lugares de los que escribo no son exactamente
compartimentos que podamos delimitar y encerrar en
palabras como cuartos o habitaciones. Porque estos sitios
tienen una geografía distinta. No nos podemos referir a
estos lugares como cuartos o habitaciones, sino como espacios domésticos. No podemos ponerles lindes porque
son dúctiles, maleables, infinitos. Una parte esencial de
estos espacios es la que los transforma y también la que
los hace latir.

Mientras deambulaba alrededor de los caminos que
podría escoger este texto, sentada en la camilla de la

cocina de la casa del pueblo de mi abuela, ella preparaba y limpiaba verduras del huerto, y mi madre preparaba un cocido. Miento. No sólo preparaba un cocido, también preparaba una masa para croquetas, limpiaba la nevera, esperaba una lavadora y miraba pendiente la hora a la que mi abuela no podría olvidarse de tomar sus pastillas. Ahora, visto desde la distancia, mientras escribo, me doy cuenta de que en ese espacio yo era la forastera que se suponía que estaba ahí para acompañar, ayudar, cuidar. Yo era algo ajeno a ese espacio doméstico. Algo que la casa no reconocía como propio. Algo sin sentido que se limitaba a teclear enfrente y al lado de, sin darse cuenta de que desde cualquier punto de vista —el de su cuerpo y el de sus acciones— ocupaba un espacio de privilegios.

Una vez explotó la olla exprés. Yo tomé a mi hermana de la mano y salimos corriendo. Mi mamá nos detuvo, no había peligro, sólo habas en el techo. Mi hermana y yo nos quedamos a ver cómo mamá limpiaba.

Fue un destello. Un impacto. Un crac que suena dentro pero que no duele. Cuando topé con este fragmento en la lectura del ensayo sobre familia y cuidados de la escritora mexicana Alejandra Eme Vázquez, *Su cuerpo dejarán*, me vi a mí misma con ellas, desde fuera, reconociéndome como *la hija de*, *la nieta de*, siendo el sujeto principal de una narrativa en la que operaban, y con sus actos, escribían ellas pero nunca salían de la sombra.

Yo sólo estaba ahí en ese momento, como en tantos que han sucedido desde que la infancia es un cielo nublado, lleno de imágenes que la mayoría de las veces

idealizamos, a rebosar de historias cruzadas que no nos
dejan ver.

Quedarse a
Alejandra Eme usa ese verbo como un puñal. Quedarse
a ver, a mirar. Cómo un verbo implica tanta pasividad.
Contemplar, limitarse a mirar. Estar quieta, inmóvil, parada, mientras son otras la que se mueven y hacen. Otras
que siempre son las mismas y que siempre se encargan de
hacer lo mismo: las tareas domésticas.

4

¿Quién decide que unas habitaciones tengan más importancia que otras? ¿Que sobre algunas atraviese la luz y retumbe la voz? ¿Por qué se deja que una mano te agarre y haga que pases por algunas partes de la casa de puntillas, sin hacer ruido, sin querer traspasar el umbral? ¿Por qué no romper esa cuerda que no se ve pero que duele?

¿Por qué asumimos desde pequeños ciertos espacios domésticos como continuaciones naturales y normales de los cuerpos de nuestras madres, tías y abuelas? ¿Por qué hemos llegado tan tarde a cuestionar esa herencia?

Miro atrás y veo a la niña que fui siempre de paso por la cocina, por la despensa, por los cuartillos. De paso cuando mi madre limpiaba, cocinaba, fregaba. De paso cuando mi abuela frotaba con sus nudillos la ropa en la pila, asaba pimientos, regaba su huerto. Dentro de mí, esos espacios eran algo tabú, algo de lo que inconscientemente no quería formar parte. Tenía miedo a quedarme reducida como ellas a esos espacios.

Qué injusta, María.
Qué injusta.

5

Podríamos comparar una casa con un cuerpo. Cada habitación corresponde a un género claramente, también a una parte específica del cuerpo en cuestión. Y duele, duele mucho. Escribo la palabra «cocina» y antes de terminar la palabra vienen ellas siempre: mi abuela, mi madre, mis tías. Sus manos. Escribo «salón», «estudio», «biblioteca», «despacho», y son ellos: los hombres de la casa. Su cabeza, su voz. Sus decisiones. Mira, en ellos la casa alcanza el exterior, y lo intelectual, no hay paredes, no hay cercas, no hay límites. Ellos, siempre ellos, a los que tanto quise parecerme de pequeña.

Llámalo desconocimiento, ignorancia, desigualdad. Mejor, llámalo machismo. Con todas sus letras, tecléalo fuerte, no pasa nada por decirlo en voz alta. Hemos sido criadas en una sociedad machista. Y ellas, nuestras madres y nuestras abuelas, han estado la mayor parte de nuestra vida en la sombra. Mujeres que no pudieron decidir ni escoger. Mujeres que tuvieron que enfrentarse a lo que les tocaba por el simple hecho de nacer niñas, mujeres que sólo tenían como opción la resignación, el aguante, un día tras otro. Mujeres a las que nos intentan vender en medios y en redes como heroínas, como personas todoterreno. ¿Por qué esa manía de disfrazar de cualidad una situación atroz de desigualdad y machismo? ¿Por qué no hablar claro y sacarlas de la umbría? ¿Por qué no cambiar ese halo de luz hacia ellas de una vez?

Mi generación brilla, no para de rescatar mujeres científicas, intelectuales, escritoras, pensadoras, artistas... pero yo no dejo de pensar en las manos de mi madre y de mi abuela. En ellas. ¿Quién escribe sobre ellas? ¿Quién repone esa especie de herida abierta que siempre llevan en la frente?

Quizás por eso, hace poco, hablando con la periodista catalana Anna Maria Iglesia sobre mi ensayo *Tierra de mujeres*, me di cuenta de que más que una reivindicación hacia ellas, también era una especie de duelo con todas las mujeres de mi familia.

Duele, ésa es la palabra: dolor, quemazón, puñalada.
Porque aunque ya estaba y estoy aquí con ellas,
ya había llegado tarde.

Mi árbol genealógico estará siempre incompleto. Como el de tantas mujeres y hombres. Ellas nunca fueron el centro, nunca protagonizaron las grandes historias que se cuentan de padres a hijos. Eran *las mujeres de, las hermanas de, las hijas de, las sobrinas de*. Y también fueron desplazadas, no era suficiente con perder la vida y el nombre en la trasmisión oral de la familia. Siempre las encuadramos en el espejo perfecto de lo que no queríamos ser. De lo que, por nada del mundo, podríamos terminar siendo. Y ellas, siempre ellas, reducidas a. A la casa, a la cocina, a los *mandaos*, a los cuartillos. Reducidas a estos espacios que siempre asociábamos a ellas y de los que tampoco queríamos formar parte. Estos espacios domésticos no entraban nunca ni formaban parte de nuestra narrativa.

Hermanas de un hijo único
Así las llamó la escritora portuguesa Agustina Bessa-Luís, la primera mujer que me viene a la cabeza cuando pienso en una genealogía de escritoras del medio rural. Me gusta preguntar a mis amigas, a periodistas y a intelectuales si conocen a algún equivalente en mujer de Miguel Delibes o Julio Llamazares.

A día de hoy no he podido encontrar una definición mejor que la de Bessa-Luís.

A día de hoy me sigo encontrando con el silencio de frente por respuesta.

6

Lo reconozco.

El feminismo fue una bofetada muy necesaria en mi vida.
Una mano decidida a quitarme la venda que llevaba en el
rostro, y que no sólo tapaba la vista, sino la voz y el oído.
Pero todas alzamos la mirada hacia arriba, a las referentes,
a las intelectuales, a las grandes. Nuestras madres y abuelas, mujeres-casa, seguían y siguen ahí, en los márgenes.
No pasa nada por reconocer que hemos sido egoístas con
ellas, que las hemos apartado de nuestros espejos durante
años. Es doloroso, sí, pero necesario. Por eso escribo. Por
eso también, escuece la herida. He sido muy injusta con
ellas durante muchos años. También soberbia. Nuestra
generación se pensaba mejor porque nosotras íbamos a
tener acceso a todo.

(Qué golpe luego, ¿eh? Generación que brilla pero rota.
Crac-crac precariedad, crac-crac no madres queriendo
serlo, crac-crac precios abusivos de alquiler crac-crac
imposiciones en la forma de mirar y de comunicarse crac-
crac crac-crac nunca podrás tener una casa crac-crac-crac
crac-crac
pero mira cuánta purpurina y cómo brilla, ¿eh?).

Íbamos a ser las mejores pero pasando por encima de ellas. A su costa. Reflejándonos en otras referentes, alabando a extrañas, extranjeras, lejanas. Y no las mirábamos, nos enfadábamos con ellas, las llamábamos machistas. Ay, las circunstancias y las épocas. Ay, lo que una cree que puede exigir y lo que el rostro de la otra le devuelve. He pasado estos últimos años buscando el reflejo en mujeres de lo que buscaba en mi niñez y adolescencia en hombres: científicos, ecologistas, veterinarios, poetas, escritores... Pero ay de ellas. No entraban en mi posible genealogía. No formaban parte de las paredes ni de los cimientos de mi propia casa. Era yo la que las consideraba a ellas forasteras.

Y no sólo a esa parte alcanzaban mis manos. Buscaba y rebuscaba historias de vínculos y genealogías en otras culturas, en comunidades indígenas, en colectivos, en tribus lejanas de mi raíz. Porque lo tenemos muy adentro. Injertado, enquistado, demasiado bien cosido. El roto no se ve, no puede estar mejor disimulado. Las historias de ellas no interesaban, no eran merecedoras de ser contadas, tampoco tenían por qué narrarlas ellas. Vinieron otros a idealizarlas y convertirlas en una especie de habitante en la cabaña de Walden o a enmarcarlas con el terror, la ignorancia y la brutalidad en el rostro, reduciéndolas a un personaje simple de *Los santos inocentes*.

¿quién rescata estas historias?
¿quién mece a estas mujeres-casa?
¿quién sabrá ocupar sus cocinas y sus cuartillos y reivindicarlos?

Acaba de sonar el teléfono. Mi abuela prepara la almáciga para el huerto. En ella, las semillas germinarán y cogerán fuerza antes de ser trasplantadas a la tierra. Luego servirán de refugio, de alimento. La narrativa de mi abuela entiende de productos locales, de soberanía alimentaria, de comunidades, de cuidados con sus vecinas. Mientras hablamos la imagino en el cuartillo, pesando las verduras para las vecinas, cambiando huevos por conservas, preparando los botes de cristal al vacío, asando pimientos, despellejando liebres, preparando jabón de sosa. Pienso en esta mujer-casa, como mi madre, y en todas sus prolongaciones, ceremonias y saberes. En sus espacios como lugares de resistencia. Y caigo, caigo en la cuenta de que su narrativa es maravillosa y a la vez infinita. Y que soy yo la analfabeta doméstica, la recién llegada, la forastera.

INTRODUCCIÓN AL PLACER MEDIADO POR EL CAPITAL Y LLAMADA A FAVOR DE LA PUTA GRATIS. PRIMEROS APUNTES PARA LA POLITIZACIÓN FOLLADORA

CRISTINA MORALES

CRISTINA MORALES (Granada, 1985), licenciada en Derecho y Ciencias Políticas y especialista en Relaciones Internacionales, es autora de las novelas *Los combatientes* (Caballo de Troya, 2013, galardonada con el Premio INJUVE de Narrativa 2012), *Malas Palabras* (Lumen, 2015), *Terroristas modernos* (Candaya, 2017) y *Lectura fácil* (Anagrama, 2018, Premio Herralde de Novela). En 2017 le fue concedida la Beca de escritura Montserrat Roig, en 2015 la de la Fundación Han Nefkens y en 2007 la de la Fundación Antonio Gala para Jóvenes Creadores. Es miembro de la compañía de danza contemporánea Iniciativa Sexual Femenina.

La puta gratis no es fruto de una génesis mitológica, ni bioló-
gica, ni informática, ni artística, ni literaria. Es fruto de una
génesis política, es fruto de un proceso de politización del que
todas podemos participar. Entiéndase, pues, el presente texto
como una contribución a ese proceso, como un documento
para la acción (es decir, como una acción en sí mismo) que
inicia su andadura en estas páginas, las cuales no doy por
acabadas ni definitivas.

[A continuación se reproduce de la página 49 a la 52 del
fanzine *Yo, también quiero ser un macho,* publicado origi-
nalmente por Acció Llibertària de Sants en 2018].

49

Hay aún más razones para considerar a Pío Palomeque nuestro macho enemigo.

A continuación vamos a recordar lo que hacía su alter ego, Daniel,

en la película *Yo, también quiero ser un macho*

después del fiasco de no haberse ligado a la compañera de curro que le gustaba

tras una noche de calentón en la que ella finalmente lo rechaza:

Esta mierda de película es macha porque nos muestra

una transacción fallida sobre una mujer

entre el macho prostituyente que es Daniel y el otro macho que es el proxeneta

El macho Daniel no se dirige en ningún momento al objeto de la transacción,
es decir, a la puta que sale en escena o a cualquier otra que hubiera dentro,
sino que tiene bien claro que ellas son mercancía
y que a quien debe convencer es al encargado del almacén, o sea al chulo,
acerca de su solvencia simbólica y económica para la adquisición del producto.

La prostituta también tiene bien claro
que ella no debe negociar directamente con el prostituyente.
Las únicas dos veces que interviene
lo hace dirigiéndose asimismo a la figura del intermediario que es el proxeneta,
intentando influir vagamente en él para que cierre el trato con el prostituyente.
Por supuesto, su opinión no es tenida en cuenta.

La escena es tan asquerosamente macha porque,
ante esta situación sobre prostitución que plantea,
erige el mensaje de que es el prostituyente
quien está siendo injustamente tratado
por no permitírsele acceder al producto sexual que ha escogido.
La escena plantea que es injusto
porque Daniel tiene más de dieciocho años y el dinero suficiente para pagar.
Dentro de la macha-facha-capitalista moral de la película
se están vulnerando dos derechos de Daniel:
el del consumidor y el del honor masculino.

En tanto que macharracos capitalones, ni a los directores y guionistas
ni al actor protagonista en sus alabanzas posteriores de la película,
jamás se les habría ocurrido lanzar un mensaje de realidad
en vez de un mensaje de ideología.
Cuando a las reclusas del RUDI-Barceloneta nos obligaron a ver esta película

rápidamente nos chirrió el hecho
de que el sufridor de la injusticia machocapitalista
fuera el prostituyente y no la prostituta.
La realidad es que son las mujeres presentes o aludidas en esta escena
las que son tratadas como objetos por dos machos explotadores
y por tanto las que merecen nuestra empatía.

Sin embargo, la ideología nos quiere transmitir
que debemos empatizar con el hombre que pierde el duelo de machedades
porque no puede satisfacer su deseo sexual ni reafirmarse como macho
a costa de unas mujeres que no expresan ni su deseo sexual
ni el precio que eventualmente querrían ponerle a sus servicios.

La puntilla a todo este contubernio ideológico
es que a la puta nos la pintan comprensiva
con las ansias sexuales del prostituyente.
Así quieren ocultarnos la injusticia real de que a la puta la machean,
vendiéndonos, en su lugar, la fantasía ideológica
de la puta conforme y bien tratada por su prostituyente y su proxeneta.

¿Cómo sería una puta no mediada por el capital? Ni lo sabemos ni podemos saberlo porque sólo hemos vivido en sociedades capitalistas. Por eso, para ir probando y porque por algo hay que empezar, proponemos eliminar el dinero, crear a la puta gratis.

Tanto la totalidad de los y las universales masculinos como la totalidad de las feminizadas* manumitidas o en proceso de manumisión de aquéllos y aquéllas, guardan una relación cotidiana (e «infraordinaria» en el sentido perequiano) con la figura de la puta.

Por «guardar relación» entendemos una multiplicidad de realidades: ser putas, irse de putas (es decir, ser prostituyentes, término brillantemente acuñado por la anarcofeminista María Galindo), ser represores de las putas, vivir de las putas, cruzarse con las putas y no dirigirles la palabra, utilizar la palabra «puta» en un sentido despreciativo, haber sido insultada con la palabra «puta», cruzarse con las putas y no dirigirles la mirada, cruzarse con las putas y mirarlas y hablarles entendiendo que ellas son putas y nosotras no; ser esposa, novia,

---

* Como la expresión «mujer» hace referencia a una categoría que deja fuera a muchas putas que no responden a las exigencias científicas y simbólicas de la misma (por poseer otros genitales, por ser impúberes, por no querer encajar una en el binarismo de género, y un larguísimo etcétera) propongo sustituir la expresión «mujer» por la de «feminizadas». La noción de «feminizada» puede sernos más útil que la de «mujer» o la de «femenina» porque da cuenta de la feminidad como proceso, no otro que el proceso de socialización en la construcción de «lo —no es una errata— mujer». «Feminizada» funciona como «normalizada», la primera expresión sería una especificación de la segunda. La feminización sería el proceso por el cual nos adaptamos (voluntaria o involuntariamente) a la normalidad o normatividad femenina. «Femenino» es algo esencial y acabado mientras que «feminizado» desnaturaliza —destruye— dicha esencialidad. Me gusta también porque feminizada puede convertirse muy fácilmente (con sólo cambiar dos vocales de sitio) en feminazida. Dejo la reflexión sobre la feminazida para un texto futuro.

amante, hija, hijo, nieta, nieto, amiga, amigo, hermana, hermano, vecina o vecino de una puta, de un represor de las putas o de un prostituyente, sentirse una misma puta o sentir que son putas quienes la rodean.

Por «puta» entendemos a toda aquella feminizada que suministra placer sexual a un universal masculino a cambio de algo cuantificable económicamente. Por placer sexual entendemos no solamente la estimulación erótica con o sin contacto físico. Entendemos también la estimulación del sentimiento de poder del universal masculino sobre la puta favorecido por los gestos, los comportamientos y las actitudes de ésta.

¿Qué entendemos por «algo cuantificable económicamente»? Nos referimos también a una multiplicidad de realidades. Empecemos por la más evidente: una cantidad de dinero entregada en metálico, en cheque o por transferencia bancaria, o cualquier otro pago en especie. Pero puede tratarse también del mantenimiento de la pareja universal masculina en pos del cumplimiento del contrato de sexo-amor que vincula a toda pareja con vocación de continuidad. El mantenimiento de la pareja es cuantificable económicamente en forma de estabilidad emocional o del hogar: gastos, tareas y planes compartidos que no podrían ser asumidos por la puta en solitario, o que, pudiendo serlo, aun así la obligan a permanecer al lado de su universal masculino por la compasión que éste le despierta (en caso de que dicho universal masculino no pueda asumir por sí solo el mantenimientos económico y emocional de sí mismo y/o del hogar), o la obligan a permanecer al lado de su universal masculino sin ella necesitarlo, decíamos, por la seguridad, predictibilidad, comodidad, prestigio, estatus o reputación de buena persona que comporta el ser una feminizada emparejada y generosa con su macho.

Pongamos aún un último ejemplo de algo cuantificable económicamente dado a cambio del suministro de placer sexual en el sentido que ya hemos explicado anteriormente.

¿Es puta aquella feminizada que, trabajando de bombera, de escritora o recogiendo habas en el campo, recibe por ello una cantidad de dinero? ¿Es «algo cuantificable económicamente» ese dinero? Evidentemente lo es. ¿Son los hechos de trabajar y ser pagada por ello susceptibles de ser calificados como proveedores de placer sexual? Lo son en tanto que implican sumisión al pagador del salario, esto es, estimulación del sentimiento de poder del universal masculino sobre la puta favorecido por los gestos, los comportamientos y las actitudes de ésta. En este caso, los gestos, los comportamientos y las actitudes son la disciplina en el trabajo.

O sea, que yo —esta que habla, esta que escribe— soy una puta. Lo soy en el sentido que apuntan Itziar Ziga en su *Devenir perra* o Beatriz Espejo en su *Manifiesto puta* (reapropiándonos del insulto), pero lo soy sobre todo en el sentido mercantil clásico. En esa mercantilización de nuestro devenir sexual es en donde nos interesa poner el foco.

Surgirá la siguiente pregunta: ¿Por qué no puede la puta sentir placer a la vez que lo suministra? ¿Por qué no puede, por el camino, sentir algo de gusto? Porque entre la puta y el prostituyente hay un contrato en virtud del cual ella da placer y el macho lo recibe en un lapso de tiempo determinado. Ni la puta tiene todo el día ni el prostituyente tiene todo el día. El valor económico también se mide temporalmente y los tiempos del placer de la puta no están en ninguna cláusula del contrato, en cuya virtud el macho sólo busca su propio placer y no el placer de la puta, y la puta sólo busca el placer del macho y no el de ella.

Surgirá una pregunta más: ¿Y si el prostituyente halla placer en que la puta también halle placer? Reformulamos esa pregunta para que no parezca sacada de *Pretty Woman:* ¿Y si el prostituyente firma con la puta el contrato según el cual él le paga a cambio de que ella, a la vez que le suministra placer a él, le permita que él también se lo suministre a ella, o que ella misma se lo suministre? Volvemos a hallarnos ante una exigencia del prostituyente hacia la puta que ella debe cumplir si quiere recibir el valor económico prometido. Permitirá que el otro le suministre placer o accederá a proveerse a sí misma, pero lo hará porque el macho se lo exige.

Leo el pensamiento de los fans de Julia Roberts: «Pero, con todo y con eso y hablando en plata, ¿y si la puta, estando en faena, se corre (¡o hasta se enamora!), como relata la pornoterrorista Diana J. Torres que le ocurrió mientras era violada? ¿No está haciendo la puta de su capa un sayo? ¿No está subvirtiendo y hasta boicoteando las condiciones de la dominación?». La respuesta es un rotundo no. La relación de dominio permanece incólume hasta cuando la firma Richard Gere, porque a esa puta le está permitido correrse, le está permitido enamorarse, pero no le está permitido irse, ni sola ni con otro. Entre la puta y el prostituyente media una ley escrita, promulgada y aplicada por el prostituyente. Que las putas tengamos estrategias para saltarnos la ley nos vuelve guerrilleras, nos vuelve resistentes, pero no nos libera.

Somos putas porque cobramos por follar, no porque follemos y, de paso, cobremos. Somos toleradas y potenciadas por los y las universales masculinos en la calle, en la casa y en el trabajo porque cobrando, porque mediando el dinero, las putas estamos renunciando a nuestro propio placer a favor del placer del prostituyente. Somos útiles, cuando no necesarias, para el sostenimiento del capital en tanto que herramienta de dominio del universal masculino.

Por eso la puta mercantil, esa puta que todas somos, dejaría de ser cómplice de su propia dominación si renunciara al dinero y, por tanto, abrazara la consecución de su propio placer. La puta mercantil es una puta decente porque folla no por gusto sino a cambio de algo tan legítimo, útil y necesario como el dinero. La puta mercantil no es subversiva, aunque, como hiciera la buena de Aileen Wuornos, mate a sus prostituyentes en el momento de empezar el intercambio sexual. Pero la puta que ya no tiene la obligación de satisfacer a nadie y sí el deseo de satisfacerse a sí misma, esa puta indecente que ya ni quiere ni tiene que cobrar y que vamos a llamar la puta gratis, esa puta sí es subversiva y en ella queremos convertirnos.

Así pues, como decíamos, ¿cómo sería una puta no mediada por el capital? Ni lo sabemos ni podemos saberlo porque sólo hemos vivido en sociedades capitalistas. Por eso, para ir probando y porque por algo hay que empezar, proponemos eliminar el dinero: he ahí la puta gratis.

Sabemos que no se eliminan todas las opresiones eliminando simplemente el dinero. Tenemos la experiencia compartida y contrastada de haber participado de espacios liberados del elemento mercantil (casas okupas, comunas, estructuras poliamorosas, pueblos alejados de los núcleos del poder institucional y otros modos de vida drásticamente clandestinos) que, sin embargo, han seguido ejerciendo control sobre nuestro placer sexual. La propuesta de la puta gratis no es científica sino imaginativa, del orden de los deseos. Que no sea científica no significa que sea utópica, esto es, inalcanzable en el lapso de nuestra vida y sólo susceptible de ser proyectada y nunca llevada a la práctica.

La puta gratis es un modelo a seguir que guía nuestros pasos, nuestros pasos sobre la tierra que pisamos. Es un modelo pedestre y acuciante.

La puta gratis no es fruto de una génesis mitológica, ni biológica, ni informática, ni artística, ni literaria. Es fruto de una génesis política, es fruto de un proceso de politización del que todas podemos participar. Entiéndase, pues, el presente texto como una contribución a ese proceso, como un documento para la acción (o, mejor dicho, como un documento-acción) que inicia su andadura en estas páginas, las cuales no doy por acabadas ni definitivas.

La puta gratis era, como lo somos todas, una puta mercantil desposeída de su deseo en dos direcciones, en torno a dos procesos. El primero ya lo hemos tratado y refiere el caso (o, para ser más precisas, la norma) de que la puta cobra. La eliminación del valor económico en esta relación implicaría la desaparición del contrato sexual y su sustitución por el devenir sexual. El devenir sexual es el camino, siempre incierto y riesgoso, que la puta gratis recorre en su día a día.

La segunda dirección o proceso desposeedor lo enunciamos ahora por primera vez: la puta mercantil sigue estando desposeída de su placer cuando, aun sin firmar el contrato descrito anteriormente, delega la consecución del mismo a ciertas condiciones que sólo el capital puede proveer. Vamos a llamar a esas condiciones «lubricidad favorecida por el capital». En este caso, la puta mercantil no es que cobre, sino que ella misma paga para que la consecución de su deseo sea bien recibida. Aquí las condiciones capitalistas de la existencia operan como excusa necesaria para la exteriorización y consumación del deseo.

La lubricidad favorecida por el capital suele darse en los garitos nocturnos. En estos locales hay que, primero, guardar cola para entrar. Ése es el primer control de nuestro deseo: la imposición de un orden ajeno a nosotras mismas, la desposesión de nuestra capacidad de organizarnos como nos dé la gana. La puerta por cuya entrada se guarda la cola está guardada a su vez por al menos dos matones, encargados de evaluar en un rápido vistazo si una es merecedora de acceder. Ése es el segundo control al que todas las putas mercantiles nos sometemos: toleramos que se juzgue nuestra apariencia y nuestro comportamiento a cambio de poder entrar (estamos, de nuevo, estimulando el sentimiento de poder del universal masculino). Sólo si te sometes a esos dos controles y los apruebas con éxito se te permitirá acceder al tercer control: la taquilla. Si una tiene el dinero que se le pide, podrá acceder al cuarto estadio de control. Si no lo tiene y el que despacha es un hombre, puede intentar la clásica maniobra de puta mercantil en virtud de la cual se coquetea con quien tiene el poder de decidir sobre los recursos económicos.

Una vez pasados esos tres controles, se accede a la zona de música y alcohol. El cuarto control es la barra: si no se paga, no se obtiene la bebida. El quinto control es la bebida misma: si no se bebe, no será una capaz de sumarse a la lubricidad propuesta por el capital. La música puede considerarse asimismo un control, y poderoso: impone un ánimo y unos movimientos acordes con el consumo que el garito quiere promocionar en su propio beneficio.

Sólo después de haberse sometido a esos (como mínimo) seis controles capitalistas (porque puede haber muchos más: la prohibición de fumar, la prohibición de permanecer en determinadas zonas del garito, la prohibición de subirse a bailar aquí o allá) puede la puta mercantil empezar a pensar en su propio placer. Sólo entonces puede empezar a sostener miradas o arrimarse a aquel o aquella con quienes quiere follar. La puta mercantil, esa puta que somos todas nosotras, no sólo es mercantil por suministrar placer o sentimiento de poder al universal masculino a cambio de un valor económico, sino porque ella misma es consumidora del placer que le expide el capital. Habiendo pasado por esa serie de controles capitalistas que ya hemos anunciado, la puta mercantil trata a todo el mundo como putas mercantiles: no piensa irse del garito sin un compañero o compañera sexual que justifique —que amortice— su inversión en obediencia capitalista.

SE HACE LO QUE SE PUEDE,
SE QUIERE Y SE DEBE

Flavita Banana

Flavita Banana (Flavia Álvarez-Pedrosa, Oviedo, 1987). Estudió Artes y Diseño y el ciclo de Ilustración, ambos en la Escola Massana de Barcelona, haciendo malabarismos con todos los trabajos imaginables. A los veintiséis años y tras rendirse con cualquier otro estilo, empezó a dibujar viñetas, con una línea sencilla y el humor de quien ya no espera nada. A los veintinueve pudo dejar la vida de oficina gracias a colaboraciones en *S Moda*, *Orgullo y Satisfacción*, *Revista Mongolia* y *El País*. Ha publicado los libros *Curvy* (Lumen, 2016) como ilustradora, y *Las cosas del querer* (Lumen, 2017), *Archivos estelares* (Astiberri, 2017) y *Archivos cósmicos* (Astiberri, 2019) como autora. En 2018 recibe el Premio Gat Perich de humor gráfico. Su trabajo ha sido descrito como humor triste, una mezcla de costumbrismo y absurdidad.

En 2017 ocurrieron dos cosas fuera de lo común para mí: tuve depresión y gusté más que nunca a los hombres.

La primera, obviamente, me impidió disfrutar de la segunda. Que ambas se dieran a la vez lo achaqué a una mala suerte tremenda, una casualidad al fin y al cabo. Sólo ahora soy capaz de entender qué relación había entre ellas.

Si tuviera que catalogarme de una manera objetiva, diría que soy *lista*. Hay muchas variables que te hacen merecedora de dicho calificativo, pero yo destacaría la perspicacia, la madurez, la maldad, el humor, la soberbia, la impertinencia, la sociabilidad y la elocuencia. Esta última sobre todo.

Por lo que cuenta mi madre, siempre fui inconformista e incómoda. A mí me parece que ésas son precisamente consecuencias de ser *lista*. Una niña con las cosas claras, voluntad y un carácter fuerte. Los libros cuentan que eso es bueno. Las escuelas, no. Buenas notas pero castigos constantes. Una genialidad esa manía de las escuelas de castigar sacándote de clase o mandándote a casa.

Cuando llegué a mi madurez sexual —yo diría que hacia los quince años—, ya tenía claro que no era físicamente atractiva. No era fea, pero mis amigas sí eran guapas. Todo el mundo sabe cómo funciona la selección natural.

No lo vivía mal, aunque como cualquier adolescente andaba cachonda a todas horas. Asumía que tardaría en tener novio y darnos muchos besos, pero por lo menos me llevaba bien conmigo misma.

Podía hacer reír a toda mi clase —desde los empollones hasta los más malotes— o engañar a cualquier profesor para mi propio beneficio. Pero ninguno de ellos me miraba nunca como yo quería. De esta forma nació mi gran ambición: gustar a los hombres.

Para ello me centré en reforzar lo no-físico: leía, leía muchísimo, aprendía de todos los ámbitos, estudiaba acerca de cosas que desconocía. Veía personalidades interesantes y copiaba sus rasgos. Siempre eran personalidades masculinas. Error.

Mi trayectoria sexual tuvo sus más y sus menos, pero ese afán de cultura y conocimiento me llevó a dibujar mis conclusiones. Una consecuencia lógica del gusto por aprender es el gusto por enseñar, supongo. Creía que a todo el mundo le interesarían mis conclusiones dibujadas. Ya he dicho que soy soberbia.

Hay que decir que acerté. De hecho, desde entonces vivo únicamente de ello. De una profesión —viñetista en los periódicos— esencialmente masculina. Sorpresa.

Con los años y el éxito me fui volviendo cada vez más excéntrica a ojos de los demás. Era lista pero avasallaba. Una *personaja*, si nos ponemos vulgares. Tuve un novio que, en ocasiones, cuando regresábamos a casa tras una velada con amigos, me recriminaba haber sido el centro de atención. Debí haberle recordado que eso mismo fue lo que hizo que se enamorara de mí. En fin, demasiado tarde. Quizá además molestara a la otra gente, pero por lo general sólo asumían que yo era así, sin más. Ahora debo recalcar que probablemente tenía salidas de tono que a veces me convertían en alguien insoportable, y en esos casos entiendo que no gustara. Pero la clave del asunto es que lo que desdeñaban mis amantes en potencia era una mujer fuerte y segura de sí misma.

Supongo que mi carácter dominante y expresivo se dejaba entrever en mis viñetas, y es por eso que cada vez más me pedían que fuera a lugares a hablar a gente. Conferencias lo llaman. Curiosamente casi siempre me pedían que hablara de feminismo y no del oficio de dibujar. De repente yo era activista y sin haberlo querido.

En un corto margen de tiempo fui cada vez más conocida (mi yo del pasado estaría eufórica) y se me exigía cada vez más presencia, coherencia y fuerza.

Eso es, la presión desencadenó en depresión. Todos los pensamientos de repente eran pesimistas y ningún estímulo me alteraba. No estaba triste, eso es algo activo, sino que todo me daba igual. Ahí está la clave de la depresión: te anulas. Además en mi caso, si me encontraba siendo el centro de atención, me desmayaba. No en sentido metafórico. Y se puede ser el centro de atención dando conferencias, pero también cuando es tu turno en la cola del súper o si te toca abrir a ti la puerta del vagón de metro. Un drama.

Me voy a ahorrar los demás entresijos de la depresión y la ansiedad, ya que he terminado sabiendo que mucha gente los conoce ya pese a no hablar de ello. En resumen: yo era la mitad de lo que había sido. Ni me reconocía ni me gustaba. Las palabras que más me repetía eran «me echo de menos».

En ese tiempo (un año y poco) tuve un apoyo abrumador.

De mi gente cercana obtuve ayuda sin preguntas, que es —ahora lo sé— la clave de la amistad.

Mi estilo de vida me lleva a conocer a mucha gente nueva, entre ella mis deseados hombres. Durante ese período, hombres nuevos y hombres conocidos (en muchos casos adorados sin éxito en el pasado) fueron cercanos, mimosos, y hasta un par terminaron en mi cama. Nota mental: follar llorando no es agradable. Sé que me cortejaron más de lo habitual porque no dejaba de lamentarme de no poder corresponderles. Maldita culpa judeocristiana.

El tiempo, un psiquiatra, varias medicinas y las ganas de estar bien —un rasgo que ahora asocio a las mujeres— hicieron que recuperara mi seguridad y fuerza anteriores, aunque actualizadas. Lo llamo la versión 2.0. Mismo sistema pero otra mirada, otros procesos de análisis. Más clarividencia y, por encima de todo, más feminismo.

No es que careciera de las nociones feministas básicas, pero nunca lo había visto como clave para entender la mayoría de situaciones en las que había terminado. Clave también para entender la relación entre la depresión y gustar a los hombres. Una relación de causa y efecto.

El modelo de mujer que se inculca a los hombres como atractivo es el del sexo débil. Todavía.

A estas alturas, y por haber sido un conejillo de indias de esta teoría, nadie puede rebatirme. De acuerdo, habrá hombres que rompan con lo inculcado y amen a mujeres fuertes y con carácter. Pero estoy segura de que esos hombres me dejarán hablar.

Yo gusté a los hombres más que antes porque era media persona. Me faltaban muchas cosas. Estaba insegura, débil. Necesitaba ayuda para hacer, decir, ir. En 2017 mi cabeza estaba tan llena de pensamientos, desánimo y basura que a menudo callaba. Era una oyente fabulosa. Con tal de no pensar, pedía que me contaran cualquier cosa.

Seguía haciendo viñetas pero de forma maquinal y sin ambición. Así que tampoco hablaba ya de mi trabajo. Había pasado de ser un verbo a ser una preposición, algo que requería de los demás para no ser una completa inútil. Esos hombres que me miraron podían aportar su importancia a mi vida, cumplir una función (preprogramada) de protección y además ser escuchados. Yo que siempre había creído que un carácter mordaz era atractivo. Alma de cántaro.

Menos mal que los antidepresivos te dejan algo embotada. Si no, además de triste me hubiera visto ridícula, y ya sabemos que alguien depresivo con ataques de risa no pinta bien. No se me malinterprete: recibir ayuda y mostrarse vulnerable no tiene nada de malo, pero tener una corte de candidatos por haberme convertido en una ameba es bastante cómico.

Ahora le doy vueltas porque mi cabeza se puede permitir pensar en otra cosa que no sea el esfuerzo de levantarse de la cama cada mañana, pero ciertamente en ese momento ni me di cuenta. Es volviéndome a cruzar con esos pretendientes cuando he podido apreciar el cambio en su mirada. Cordiales, claro, pero ni rastro del brillo de apareamiento inminente. Ahora sé que no eran todos los hombres, eran esos hombres. Lo bueno del feminismo es ese radar infalible para detectar imbéciles.

Si alguien me hubiera dicho con quince años que ser un buen partido consistía en callar más y no invertir tanto en libros, me hubiera reído en su cara.

Por eso sé que vuelvo a estar bien.

Porque si me lo dicen ahora, también me reiré.

¿TE HAS FIJADO EN QUE LLEVA EL SOBACO SIN DEPILAR?

FLAVITA BANANA

TIRAR DEL OVILLO

Edurne Portela

EDURNE PORTELA (Santurce, Vizcaya, 1974) es una novelista y ensayista vasca. Doctora en Literaturas Hispánicas, ha sido profesora titular de Literatura en Lehigh University (Pensilvania) hasta 2015. Como parte de su investigación académica publicó numerosos artículos y el ensayo *Displaced Memories: The Poetics of Trauma in Argentine Women Writers*. En Galaxia Gutenberg ha publicado *El eco de los disparos: Cultura y memoria de la violencia* (2016) y las novelas *Mejor la ausencia* (2017, galardonada con el Premio 2018 del Gremio de Libreros de Madrid al mejor libro de ficción) y *Formas de estar lejos* (2019). Ha realizado, junto con José Ovejero, el documental *Vida y ficción* (2017). Tiene una columna dominical en *El País* y ha colaborado con otros medios como *El Correo/Diario Vasco* y *La Marea*.

Hace unos días, al final de un encuentro con un club de lectura, se acercaron a la mesa a que les firmara el libro dos mujeres, una de cincuenta y tantos años, otra de unos veinte. Las dos habían participado durante el debate con preguntas y comentarios muy pertinentes que tenían que ver con el tratamiento de la violencia machista en mi novela *Mejor la ausencia*. La joven me agradecía que hubiera escrito una escena en la que Amaia, la protagonista, es violada por su novio mientras está tan borracha y puesta de *speed* que es incapaz de decir que no. Hablamos de la normalización de la violencia y de cómo muchas mujeres adolescentes no eran (en mi época) o son (en el presente) conscientes de que, al no haber consentimiento, ese tipo de «relación» constituye una violación. Cuando se acercaron a la mesa, la mujer de más edad me pidió que le dedicara el libro a su hija, que era la joven que había hablado de esa escena de la novela. La madre comentó con evidente orgullo que estaba aprendiendo a ser feminista gracias a su hija, que ésta le había abierto los ojos ante una realidad que antes intuía como injusta pero que no había sabido ver y, mucho menos, denunciar. La hija reconocía que su activismo feminista no surgía de la nada, que su madre también había propiciado que ella pensara de forma independiente y se formara críticamente.

Este encuentro tuvo lugar durante los días en los que yo estaba escribiendo este texto y me di cuenta de que esa relación tan bonita entre madre e hija, en la que el aprendizaje se produce en las dos direcciones, me recordaba a la relación que he establecido con mi madre en los últimos años. La diferencia de edad entre estas dos mujeres y nosotras es, más o menos, de veinte años, pero intuyo que el proceso que hemos vivido es similar. La nueva ola de feminismo que empezó en octubre de 2017 con el #MeToo y que ha continuado tomando fuerza con otros eventos como las grandes huelgas feministas del 8M de 2018 y 2019, ha puesto de relieve cómo las mujeres se piensan dentro de una genealogía, en relación a avances y luchas anteriores y cómo las diferentes generaciones ocupan el espacio público de la protesta. Una de las visiones que más me ha conmovido de todas las concentraciones feministas a las que he ido en los dos últimos años ha sido la de mujeres de todas las edades, desde adolescentes a octogenarias, unidas en la causa común. Por eso, tal vez, cuando reflexiono sobre este tema, no puedo dejar de pensar en mi propia genealogía.

Mi madre es una de esas mujeres que nunca se hubieran considerado feministas hasta hace bien poco. Con la edad ha empezado a llamar las cosas por su nombre (abuso, machismo, discriminación, violación) y si siempre ha sido una mujer que ha protegido su espacio propio, ahora lo puede llegar a hacer con una beligerancia que antes no demostraba. A veces me da la impresión de que se ha dado cuenta de que lo que muchas mujeres escriben en sus pancartas y gritan en las manifestaciones feministas es exactamente lo que a ella le hubiera gustado decir o gritar en más de una ocasión. Tal vez lo de «muerte al patriarcado» es un pelín fuerte, tal vez no se atrevería a verbalizar eso de «saca tus rosarios de mis ovarios», pero creo que en el fondo incluso con eso está bastante de acuerdo. Mi madre ha hecho en la vida todo lo que se supone que estaba obligada a hacer: estudió lo que le dijeron que estudiara (lo justo), se casó y fue madre mientras sus ovarios y su útero eran jóvenes y su paciencia infinita, crió a sus hijos, atendió a su marido y, como la perfecta hija menor, cuidó de su madre hasta que ésta murió con noventa y siete años. Y además también fue eso que hoy llaman una emprendedora de éxito. Desde hace unos pocos años mi madre estudia inglés, va a clases de sevillanas y taichí, a clases de comentario de texto, ha viajado por Europa y América, la mayoría de las veces no con mi padre sino con su mejor amiga. Una constante en su vida ha sido la búsqueda de una habitación propia, es decir, de un espacio de libertad fuera de las constricciones vitales que heredó de su madre y de su tiempo y que después siguieron marcando su existencia. Mi madre no se rebeló quitándose el sostén, rompiendo la cadena de la opresión, saltándose a la torera la educación mojigata de su época o cambiando las condiciones que la limitaban. Ni siquiera contradijo a mi padre cuando de novios le pidió que dejara de trabajar cuando se casaran, ni puso de patitas en la calle a su madre cuando le empezó a organizar la vida después de que, ya casada, se instalara en nuestra casa. Mi madre desarrolló eso que en las ciencias políticas y la antropología se vino a llamar «las tácticas del débil», una serie de estrategias que desarrolla el sujeto consciente de que no va a vencer al gigante si se enfrenta abiertamente a él, sino que tiene que buscar otras formas de resistencia más sutiles y más eficaces. La forma de resistencia principal que desarrolló mi madre fue asegurarse espacios de libertad a su medida, independientes y fuera del hogar. En esos espacios se hizo fuerte y, desde ahí, me dejó intuir un camino propio. Pertenezco a una generación a la que nuestras madres nos dijeron que podíamos tenerlo todo: educación, una carrera universitaria, un trabajo, hijos. Yo, en este sentido, fui muy afortunada. Mi madre jamás me dijo que tuviera hijos. Sí me repitió, incluso machaconamente, que estudiara lo que yo quisiera, lo que más me gustara, que hiciera una carrera, que no dependiera nunca de un hombre. Y que si llegaba a casarme, mantuviera mi propia cuenta corriente. Le hice caso en casi todo y, en lo que no, después me arrepentí.

Tengo cuarenta y cinco años. Mi madre cumplirá setenta y tres este año. Es la pequeña, con mucha diferencia de edad, de tres hermanas. Mi madre siempre ha pensado que su concepción fue un accidente y que fue un bebé no deseado. Mi abuela, que se casó muy tarde para la época (veintinueve años), la tuvo ya con cuarenta, diez años después que a su hermana. Tanto mi abuela como mis tías tenían un carácter despótico y exigente, con lo que la infancia y la adolescencia de mi madre fue un continuo obedecer. Era una niña sensible y enfermiza, con asma y constantes problemas de bronquios, por lo que pasó ingresada una temporada en un sanatorio de la zona. Igual por esa vulnerabilidad y porque debió ser una niña tierna y entrañable mi abuelo tenía debilidad por ella. Y ella por él. En contraste con sus hermanas y su madre, su padre era alegre y cariñoso. Por lo que cuenta mi madre, era un ganso disfrutón, tragaldabas y cantarín. Yo no llegué a conocerlo, pero siempre he pensado que mi madre heredó de él la ternura y una especie de alegría infantil siempre viva en el fondo de sus ojillos expresivos. Mi abuelo murió cuando ella tenía diecinueve años, un trauma del que creo que todavía no se ha recuperado del todo, mientras que mi abuela vivió con nosotros hasta los noventa y siete. Para mí no es difícil imaginar la infancia de mi madre y la disciplina cuartelera a la que estuvo sometida: la perfección en las tareas del hogar, la obediencia absoluta a los mandatos de mi abuela contra el ocio, la puntualidad en el regreso a casa, la higiene llevada a rajatabla. Pero a pesar de este control al que sé que estuvo sometida, también mi abuela le inculcó desde pequeña una lección que se salía del tipo de cometido hogareño y patriarcal de la época: aprende un oficio, busca un trabajo, no dependas de ningún hombre. No en vano mi abuela había empezado a trabajar con ocho años vendiendo pescado en las calles, cuidó siendo niña de todos sus hermanos porque su madre tenía mala salud y no dejó de trabajar de pescatera hasta que se jubiló. Mi madre con diecinueve ya estaba trabajando de administrativa en una compañía en Bilbao.

A veces me parece increíble que todavía la generación de mi madre haya vivido como lo hizo, sometida a un control represivo y perverso. La veo ahora, con sus clases, su ocio, su independencia, los viajes que ha hecho con su mejor amiga porque a mi padre no le gusta viajar, y me cuesta imaginar esa juventud asfixiante que vivió. Pero éste es un pensamiento ingenuo que ya no nos podemos permitir. Con la nueva ola de feminismo que estamos viviendo desde hace un par de años, algunos ya han demostrado (léase la ultraderecha) que no les importaría nada que volviéramos a vivir como lo hicieron nuestras madres. La mía nació en 1946, así que se tragó la educación nacionalcatólica de toda esa generación de mujeres:

la represión del deseo, la sumisión como forma de relación con el varón, la maternidad como meta de vida, la culpa como sentimiento natural en la mujer, su situación legal de perpetua minoría de edad que coartaba su libertad de movimientos y su independencia económica. Todo lo que no se sometiera a la norma era desviación condenable. Mi abuela era una mujer católica y fiel hasta la muerte al Partido Nacionalista Vasco, que nunca se ha significado por su progresismo, pero mi madre siempre defiende que a pesar de su rigidez moral para muchas cosas, mi abuela era una mujer adelantada a su tiempo que tenía muchos menos prejuicios de lo que parecía. Mi abuela nunca fue al colegio, se enseñó a sí misma a leer y a escribir. Yo la recuerdo leyendo el periódico de cabo a rabo todos los días y devorando las novelas del Oeste de Estefanía que le comprábamos cada semana en el quiosco del pueblo. Era lista, listísima, pero tenía la inteligencia emocional de un pedrusco. Nunca lo he hablado con mi madre, pero estoy convencida de que mi abuela jamás tuvo una conversación con ella sobre el amor o el enamoramiento (lo del sexo ni me lo planteo), sobre las posibilidades que podría ofrecerle la vida porque mi abuela no veía más que dos: trabajar, y casarse y tener hijos. Mi abuela no se ablandó con la edad, todo lo contrario. Llevaba con nosotros, sus nietos, la misma disciplina cuartelera que llevó con sus hijas. No nos dejaba que la besáramos (no exagero, no recuerdo haberle dado un beso a mi abuela sin ella gruñir y empujarme para separarse) y pocas veces salían de su boca palabras de cariño. Esto, por supuesto, no significa que no lo sintiera, que no nos quisiera a su manera, pero en algún momento de su vida mi abuela perdió la capacidad para expresar afectos positivos. Digo que la perdió porque estoy convencida de que en su juventud fue una mujer alegre y bastante liberada. Siempre he sospechado que si no se casó hasta los veintinueve años es porque eso del matrimonio no la convencía. Cuando era ya muy mayor me contaba, con una sonrisa pícara, que antes de casarse le gustaba irse de romerías, que incluso mi abuelo estuvo a punto de dejarla antes de la boda porque se fue de fiesta por los pueblos con un grupo de músicos, a los que seguía bailando. También me contaba que se escapaba a la Casa del Pueblo de Portugalete a bailar con los socialistas «de fuera» porque bailaban mejor que los vascos. Esas travesuras ocurrieron antes de casarse y también antes de la guerra, durante la cual perdió su casa y por unos meses pensó que había perdido también a su marido, quien huyó a Francia cuando los franquistas entraron en Bilbao. La experiencia de la guerra y la posguerra, con todas las penurias por las que pasó y los sacrificios que tuvo que hacer para sobrevivir, creo que la endureció de tal manera que de esa joven independiente y bailarina, incluso quién sabe, algo casquivana, no quedó ni el recuerdo. Cuando imagino otra historia para nuestro país y pienso en las posibilidades que hubiera dado la República a la mujer, siempre pienso en mi abuela, cómo le hubieran afectado las nuevas libertades. Fue una mujer que posiblemente aceptó la maternidad más por obligación que por eso que llaman instinto maternal. Casarse y tener hijos eran para ella parte de las obligaciones contractuales de la vida y estuvo intentando librarse de ellas hasta que no tuvo más remedio que ceder. Su insistencia en la independencia de la mujer, que inculcó en mi madre y en mí después, contrastaba con la educación tradicional de la mujer de aquellos años. Y el resto de las obligaciones que ella pensaba que teníamos debido a nuestro sexo venían de un conservadurismo que no tenía tanto que ver con la sumisión al hombre, sino más bien con un sentido mal entendido de la obligación, el deber y la decencia.

Hace unos años, cuando yo todavía era profesora en una universidad estadounidense, mi madre vino a visitarme unos días. Yo daba una clase sobre la situación de la mujer en España durante el siglo xx en la que prestaba mucha atención a la representación de la mujer en materiales educativos y de propaganda política, así como en la literatura y el cine. Justo coincidió que durante esos días me tocaba la unidad temática que dedicaba a la mujer bajo el franquismo, con un foco especial en la educación de la mujer según la Sección Femenina, como preámbulo a la obra de Carmen Martín Gaite *Entre visillos*. Hasta ese momento nunca había hablado con mi madre sobre su educación. Yo tenía una selección de citas de la Sección Femenina y unas imágenes muy ilustrativas sobre los ejercicios que recomendaban a las mujeres. Por ejemplo, de las «Consignas de Pilar» que constituían los mandamientos de la Sección Femenina (de Pilar Primo de Rivera, hermana de José Antonio), extraje esta cita: «Cada uno tiene su manera de servir dentro de la Falange, y lo propio de la Sección Femenina es el servicio en silencio, la labor abnegada, sin prestancia exterior, pero profunda. Como es el temperamento de las mujeres: abnegación y silencio». O de uno de los cuadernillos de formación de la Sección, esta otra: «No hay que tomar el deporte como pretexto para llevar trajes de deporte escandalosos. Podemos lucir nuestra habilidad deportiva, pero que estas habilidades no sirvan para que hagamos exhibiciones indecentes. Tampoco tenemos que tomar el deporte como pretexto para independizarnos de la familia, ni para ninguna libertad, contraria a las buenas costumbres» (Sección Femenina, *Economía doméstica para Bachillerato, Comercio y Magisterio*, 1968). La selección de citas iba acompañada de unos dibujos de mujeres practicando deporte a través de las tareas del hogar. Por ejemplo, el movimiento ideal que hacer con la escoba para fortalecer los brazos, o los estiramientos necesarios para llegar a las últimas baldas que contribuirían a mejorar la flexibilidad y la rectitud de la espalda, o limpiar enérgicamente los cristales para potenciar un busto bonito. Compartí con mi madre estos materiales y le pedí que hablara a mis estudiantes de lo que ella recordaba de su formación a principios de los años sesenta. Mi madre no había tenido manuales tan sofisticados, con ilustraciones como las que le enseñaba yo, tampoco recordaba todos los detalles de su paso por la Sección. Después de acabar el colegio había estudiado un curso de auxiliar de empresa. Le habían dicho que si no completaba el «servicio social» igual tenía problemas para recibir el título y después colocarse. No tuvo más remedio, entonces, que pasarse varios meses asistiendo todas las tardes (o varias tardes a la semana, tampoco eso lo recuerda bien) a las clases que daba una mujer de la que todavía sí recuerda el nombre. Era una falangista, hija de uno de los maestros que llegó al pueblo vecino justo al acabar la guerra para sustituir al maestro represaliado por rojo o nacionalista o las dos cosas. El padre había colocado a la hija como jefa del «servicio social» de la Sección. Las enseñanzas que recuerda de esta falangista son variopintas: una es la vida de José Antonio, también recuerda haber estudiado los principios fundamentales del Movimiento (pero ha olvidado todos) y algunas nociones básicas de cocina. De todo ello lo más útil fue que aprendió a freír las croquetas en un cazo. «Mucho mejor que la sartén porque no se gasta tanto aceite y las croquetas se cubren enteritas», recuerda mi madre con cierto agradecimiento. Yo lo del cazo lo aprendí de ella, pero no tenía ni idea de que esta sabiduría culinaria viniera del ideario falangista.

En la época en la que mi madre se casó y nos tuvo a mis dos hermanos y a mí (entre 1969 y 1974), compaginar trabajo y maternidad era imposible. Si ahora hablamos de necesidad de conciliación laboral, de discriminación contra mujeres embarazadas en el trabajo, de las dificultades que atraviesa una madre sin pareja, en esa época muchas mujeres ni siquiera se planteaban la posibilidad de compaginar maternidad y trabajo. Hace poco veía una película italiana de hace más de cuarenta años, *Boccaccio 70*. Es una película dividida en cuatro actos, cada uno con una historia independiente y dirigida por un director diferente. El primer acto (en mi opinión, el mejor de la película) es de Mario Monicelli y se titula «Renzo y Luciana». En él dos jóvenes que trabajan en la misma fábrica se enamoran y se casan clandestinamente porque la empresa prohíbe a los empleados relacionarse con las empleadas, todas solteras. Si una se casaba o se quedaba embarazada, la despedían inmediatamente. Esto que parece una situación inverosímil, la excusa para crear una historieta de enredo con tintes neorrealistas, no está tan lejos de la realidad laboral que por un tiempo vivió mi madre en su primer trabajo. Le pregunto cómo recuerda el ambiente en la empresa, el tipo de mujeres que había trabajando con ella, en qué condiciones. El ambiente es muy similar al de la película: no recuerda tener ninguna compañera embarazada en el trabajo, tampoco ninguna casada. Eran todas solteras, jóvenes o mayores. Las jóvenes dejaban de trabajar si se casaban, como hizo ella. Las que no se casaban seguían trabajando y se convertían en *birrochas*, como las llaman todavía en mi tierra, o solteronas, términos despectivos para la mujer que por elección o por necesidad o porque así es la vida, no llegaba a casarse. Mi madre siguió el camino de todas: en cuanto se casó con mi padre, dejó de trabajar y en cinco años nos tuvo a los tres hijos.

Durante ese tiempo en el que mi padre se iba asentando laboralmente y ella quedaba reducida al papel de esposa y madre, decidió que eso no era lo suyo. Mi madre no se veía como un ama de casa perpetua: cuidando de los niños, de mi padre, de mi abuela que vivía con nosotros. Cuando yo apenas había cumplido cuatro años, mi madre me inscribió en el colegio al que iban mis hermanos y montó, con una socia, una tienda de Pingouin (pronunciado Pingüín) Esmeralda. Tuvo que ir acompañada de mi padre para que le concedieran el préstamo del local y poder realizar la inversión inicial. El crédito y la parte del negocio que correspondía a mi madre se inscribió a nombre de él, a pesar de que era mi madre quien lo iba a regentar. Su socia pasó por el mismo proceso y también fue su marido quien firmó el préstamo y dio su nombre como garante del negocio. Era el año 1978. Mi infancia está asociada al restaurante de mi padre y a la tienda de lanas de mi madre. Recuerdo el olor de la lana, la voz de Nerea, la socia de mi madre, con su timbre grave pero cariñoso; recuerdo que me gustaba tocar los ovillos de mohair y de angorina porque eran suaves; recuerdo un banco corrido en donde se sentaban la madre de Nerea y mi abuela, a veces acompañadas por otras mujeres, como Isa la del puerto, y hablaban mientras se enseñaban las labores unas a otras, hacían las chaquetitas de punto para sus nietos o los calcetines de lana para el monte o los de ganchillo para los días de fiesta; recuerdo cuando mi abuela me probaba una manga de un jersey, siempre incómoda porque tenía que metérmela con las agujas cruzadas y sin que se salieran los puntos. Siempre había mujeres en la tienda. Era un espacio femenino, de mujeres fuertes del pueblo, trabajadoras, conscientes de que el tiempo no se podía perder en tonterías y que si se pasaba la tarde de chascarrillo, las manos tenían que estar ocupadas haciendo algo. Me doy cuenta ahora, mientras lo escribo, de que posiblemente mi madre, igual sin ser consciente de ello, eligió una tienda de lanas no sólo porque siempre ha tenido ojo para los negocios, sino porque correspondía a una ética, una forma de entender el uso del tiempo de las mujeres de su época.

La tienda duró unos cuantos años, hasta que mi padre enfermó. Mi madre tuvo que dejarla para temporalmente asumir el negocio de mi padre y cuidar de él. La tienda no daba mucho dinero, por lo que dejarla no fue una decisión difícil para la economía familiar, pero sí para mi madre, que perdió así, durante un año, la libertad que le daba ese espacio, su pequeña independencia. En cuanto mi padre se recuperó (le habían diagnosticado erróneamente un cáncer de páncreas) y pudo tomar de nuevo las riendas de su negocio y su vida, mi madre ideó otro negocio y otro espacio de libertad: una *boutique*. Eso correspondió a mis años de adolescencia. Lo he contado en algún otro lugar, así que no me extenderé en ese período de mi vida, pero mi adolescencia fue una época bastante difícil para mí y para mis padres. Me enfrentaba constantemente a ellos, sobre todo a mi madre. Despreciaba, con ese desprecio cruel y egoísta de los adolescentes, su vida burguesa. Porque no te creas, querida lectora, que esto que te cuento ahora de mi madre e incluso de mi abuela, desde la admiración que me pueda provocar cada una a su manera, es algo que siempre he sentido. De adolescente odiaba a mi abuela. Le reprochaba su rigidez, su tiranía en casa y que a mí me tratara diferente que a mis hermanos. Con mi madre tampoco perdía la ocasión de criticar su convencionalismo, lo que yo veía como una claudicación ante las exigencias patriarcales. Creo que el reproche que más le dolió a mi madre durante esos años de reproches constantes fue que me discriminara frente a mis hermanos. Todo porque a mi hermano mayor le dejaron estudiar en Madrid, mientras que a mí me enviaron a estudiar al Opus Dei a Navarra como medida disciplinaria ante mi rebeldía. Entonces consideré que mi madre estaba siendo machista, que a él le daba unas oportunidades que a mí no me quería dar porque yo era chica y porque era la pequeña de los tres hermanos. Con el tiempo he ido entendiendo que la decisión no tenía tanto que ver con un trato desigual, sino con el deseo de sacarme de una espiral autodestructiva.

Después de quince años de mantener la *boutique,* mi madre, de nuevo, puso por delante el cuidado de otra persona —mi abuela— y volvió a ceder su espacio de libertad e independencia. Asumió el cuidado de mi abuela como una obligación inevitable. Podía haber trabajado, seguramente, diez años más. Lo aceptó sin quejas y cuidó de ella sin un reproche, al mismo tiempo que seguía insistiéndome para que yo me formara de la mejor manera posible. Seguí su consejo: me busqué un futuro en el extranjero, rompí amarras, me independicé.

Una de las cosas bonitas de este nuevo impulso feminista es cómo nos ha permitido revisar experiencias y actitudes de nuestro pasado y resignificarlas para entendernos a nosotras mismas, pero también entender a nuestras madres, a nuestras abuelas. Nos permite tirar del extremo del ovillo para buscar con nuevas herramientas los motivos que expliquen sus silencios, su rabia, sus inmensas contradicciones, sus intentos de ser mujeres libres a pesar de todas las limitaciones que la educación y su tiempo impusieron en ellas. Vengo de una estirpe materna de trabajadoras que entendieron la necesidad de, como mujeres, labrar un espacio propio al que no tuvieran acceso sus maridos. Mi abuela no tuvo acceso a una educación que le permitiera armarse con las herramientas críticas para entender el machismo y cómo ella misma lo reproducía; mi madre ha tardado años en conseguir esas herramientas y ahora las maneja estupendamente. Pero tanto una como otra tuvieron muy claro que en un mundo dominado por hombres la conquista de una habitación propia era indispensable. Me regalaron esa concepción del espacio y de la libertad. Y también un precioso ovillo de angorina, suave y resistente, del que siempre podré tirar.

MARÍA PANDORA

Nuria Barrios

Nuria Barrios (Madrid, 1962) es escritora y doctora en Filosofía. Es autora de las novelas *Amores patológicos* (Ediciones B, 1998) y *El alfabeto de los pájaros* (Seix Barral, 2011); de los libros de poemas *El hilo de agua* (Algaida, 2004; ganador del Premio Ateneo de Sevilla), *Nostalgia de Odiseo* (Vandalia, 2012) y *La luz de la dinamo* (Vandalia, 2017; ganador del Premio Iberoamericano de Poesía Hermanos Machado); de los libros de relatos *El zoo sentimental* (Alfaguara, 2000), *Balearia* (Plaza y Janés, 2000) y *Ocho centímetros* (Páginas de Espuma, 2015). Su próxima novela será publicada a principios de 2020 en Alfaguara. Su obra ha sido traducida al holandés, al italiano, al portugués, al filipino y al croata. Es la traductora al español del novelista irlandés John Banville/Benjamin Black, premio Booker y premio Príncipe de Asturias de las Letras.

Fui a un colegio de monjas de los dos a los dieciséis años. Cuando salí era agnóstica y feminista. En ese tiempo hice la comunión y la confirmación, fui a ejercicios espirituales y formé parte de un grupo de excursionistas que respondía al épico nombre de Montañeras de María. No soporté *bullying* ni violencia física por parte de las monjas. No sufrí castigos corporales, con la sola excepción de una profesora —no era monja, por cierto— que me estampó en la cabeza un voluminoso libro, el *Consultor*, por sugerirle que le olía mal el aliento. Me aburrí. Mucho. También es cierto que en aquel colegio viví algunas de las situaciones más hilarantes de mi vida. Sin embargo, no me gusta rememorar ese tiempo ni sentirme vinculada a su recuerdo. Si ahora vuelvo al pasado es precisamente para entender las razones de ese rechazo, qué queda en mí de entonces, qué he arrancado.

La vida de las niñas en los colegios católicos no parece suscitar gran interés, cosa que no sucede con la vida de los niños en los colegios católicos. Una muestra más de la invisibilidad de numerosos territorios femeninos. También ahí, en esa etapa fundamental de la infancia y la adolescencia, el referente literario y cinematográfico es masculino. Se trata de un referente claramente insuficiente, que deja en sombra a la mitad de la población, la mitad de la experiencia, la mitad de nuestros problemas como sociedad.

El mío era un colegio de un barrio de clase media. Como en todas las escuelas religiosas de la época, la educación era segregada, lo que significa que en aquellas aulas amplias y luminosas sólo se admitían chicas. La segregación era casi total, ya que todos los profesores eran mujeres, excepto el de Matemáticas. Ni siquiera había un Cristo crucificado en la capilla, sino una Virgen María. Los únicos hombres en aquel universo celosamente femenino eran, además del profesor de Matemáticas, el sacerdote que impartía misa los viernes y nos confesaba y el conductor de la furgoneta que hacía la ruta. Antonio, don Nicolás y Máximo. Nuestra Santísima Trinidad masculina. En un colegio regentado por monjas, ellos eran los responsables de las áreas simbólicamente más importantes: las Matemáticas, la Fe, el Automóvil.

Crecí rodeada de mujeres. Mis monjas creían firmemente en la conocida sentencia de Simone de Beauvoir en *El segundo sexo:* La mujer no nace, sino se hace. La misión de ellas era «hacer» mujeres a imagen y semejanza de la Virgen. La única figura en el altar de la capilla, como he dicho antes, era la de una joven María con su hijo en brazos. La Madre. La Santidad. La Pureza. *Mater purissima. Mater castissima. Mater inmaculata.* En una ocasión, al entrar en la capilla, sorprendí a una monja tumbada bocabajo con los brazos en cruz. Recuerdo la cálida luz de las vidrieras cayendo sobre el hábito claro y la entrega de aquella mujer que no parecía escuchar más que el silencio de su interior. La sumisión absoluta.

Aquél era el modelo femenino que perseguían mis monjas. El cuidado. La educación. El acatamiento. Ellas mismas habían sido educadas para servir, para obedecer, para callar. Para ser ciudadanas de segunda dentro de la jerarquía católica. Aunque el centro del altar estaba vacío, la imagen de María había sido colocada a un lado. La escenografía hacía patente su posición subordinada. No era necesario que Cristo estuviese presente para que ella adoptara un papel secundario. Tampoco el superior de la orden religiosa, que era un hombre, estaba visible en el día a día del colegio. La sumisión al varón se daba por sobreentendida.

Las monjas asumían su invisibilidad. Era parte de ese «sacrificio por los demás» que les habían inculcado. Así ha sucedido con las religiosas desde siempre, tal ha sido su destino y su condena: silenciosas y silenciadas. Eso explica que hasta muy recientemente no salieran a la luz los abusos sexuales que muchas de ellas sufrieron y sufren por parte de sacerdotes y prelados en todo el mundo.

Las primeras denuncias aparecieron en los años noventa. La religiosa Maura O'Donohue, coordinadora del programa sobre el sida de Cáritas Internacional y del Cafod (Fondo Católico de Ayuda al Desarrollo), presentó en 1995 un informe pavoroso: novicias violadas por sacerdotes, médicos de hospitales católicos que se veían asediados por clérigos que les llevaban a monjas para abortar... ¿Cómo no pensar en la siniestra resonancia de frases como «la postura del misionero»?

Esas acusaciones y las siguientes que se produjeron no fueron escuchadas. A las denunciantes les sucedió como a Casandra, la hija vidente de Príamo y Hécuba, que predijo que un caballo llevaría la destrucción a Troya. Nadie la creyó y ella fue brutalmente violada durante el saqueo de la ciudad. Silenciada.

A principios de febrero, el Papa Francisco reconoció por primera vez en unas declaraciones a *L'Osservatore Romano*, el diario del Vaticano, que las monjas habían sufrido violencia sexual dentro de la Iglesia. Y añadió que esas situaciones siguen produciéndose. Pocas voces han salido a comentar esos abusos. El escándalo por las violaciones de «hombres de la Iglesia» a menores, tantas que el Pontífice las ha calificado como una «plaga», no ha alcanzado a los abusos sexuales que han padecido y padecen las monjas. Entre el 21 y el 24 de febrero el Papa convocó un congreso en el Vaticano para hablar de la pederastia clerical. En ningún momento fueron citadas las otras víctimas de las agresiones: las religiosas. De nuevo la invisibilidad, el silencio, el desinterés. Son mujeres.

En mi colegio no hubo abusos. No hubo estridencias. No hubo traumas. No hubo escándalos. Pero había una presión invisible, una especie de aplastamiento, para «hacer» de nosotras «buenas mujeres». Las alumnas estábamos encerradas en una olla puesta a un fuego bajo pero constante. Una de mis compañeras era extremadamente silenciosa. Parecía muda. No era muy brillante, pero se llevaba siempre las felicitaciones de las monjas. En los colegios de curas se preparaba a los chicos para ser abogados, ingenieros, arquitectos, médicos… En los colegios de chicas no se premiaba la excelencia académica, sino el «buen comportamiento». Según el modelo binario católico, a ellos les correspondía el ámbito intelectual y a nosotras, el emocional. En el reparto, a ellos les había tocado el cerebro; a nosotras, el corazón.

Juan Pablo II denominó «genio femenino» a la inclinación «natural» de la mujer a desempeñar papeles de cuidado, asistencia, educación y servicio. Pero esa inclinación no debía de ser tan «natural», pues a lo largo de los años varias religiosas de mi colegio colgaron los hábitos y desaparecieron sin que nadie nos contara el porqué.

La «entrega a los demás», por sublimada que estuviera, proyectaba una larga sombra.

Cuando el feminismo incorporó el término «sororidad», me sonó extraño porque mis monjas respondían al nombre de sor. Qué diferente la sororidad feminista, la solidaridad entre mujeres en la lucha por la igualdad, comparada con la sororidad de aquellos primeros años. Mis monjas no eran «monjitas», esos seres infantilizados que designa el diminutivo. Aún menos eran las delirantes monjas de Pedro Almodóvar que protagonizan *Entre tinieblas* y que cocinaban bajo el efecto del LSD y cuidaban tigres: sor Rata de Callejón, sor Estiércol, sor Perdida, sor Víbora... Mis monjas tampoco eran intelectuales. La mayoría no tenían estudios universitarios y, a medida que las alumnas crecían, iban desapareciendo de las aulas y se centraban en su cometido principal: mantener el «orden y la compostura» de las niñas que tenían a su cargo. «Compostura» es el término que utilizan en sastrería para referirse a los arreglos. Ellas estaban allí para velar por la modestia y la decencia, pero también para arreglar los excesos de la naturaleza.

El cuerpo era el gran enemigo. Todas lucían en la mano derecha una alianza de oro con el nombre de Jesús grabado en el interior. Se decían esposas de Jesucristo, aunque el suyo era un extraño matrimonio donde el marido estaba ausente y no había lugar para los deseos y necesidades carnales. La sensualidad, tan del gusto de los místicos, estaba condenada. El referente era María: una imagen asexuada con el cabello cubierto por un velo y con un cuerpo invisible bajo la amplia vestidura, blanca o azul. La Virgen. Una mujer que había sido madre sin que la tocara un hombre. La Inmaculada Concepción.

La mayoría de las niñas hacíamos la comunión vestidas con hábito y con toca. Aquella escena debía de ser el momento de máxima felicidad para las religiosas: contemplar a sus alumnas convertidas en minimonjas. A todas, ellas y nosotras, se nos veía planas como una tabla: a nosotras porque aún no nos habían crecido las tetas y a ellas porque ocultaban las suyas, aplastadas bajo el hábito. Pero la dicha se tornaba espanto cuando, de un curso para otro, en las aulas crecían los pechos, se estrechaban las cinturas y se ensanchaban las caderas. Cada cierto tiempo, a primera hora de la mañana o de la tarde, una monja se situaba en la puerta de entrada para vigilar nuestro uniforme. Las adolescentes que llevaban la camisa demasiado ajustada, la falda demasiado corta o la cara maquillada eran enviadas a casa. Si las manos de los curas pedófilos desnudan a los niños, las manos de las monjas se afanaban en tapar a las niñas. En el gimnasio había un cuarto para ducharse que jamás se utilizó. Como la mojigatería es contagiosa, algunas chicas hacían contorsiones increíbles para desvestirse sin que se les vieran el sujetador o las bragas.

Aquel puritanismo militante rayaba a menudo en lo ridículo. No nos dejaban jugar a churro, media manga, manga entera porque era «un juego de hombres». No nos permitían mirar por la ventana porque no era «de buenas mujeres». No toleraban las medias bajadas porque dejaban al aire las pantorrillas. El celo inquisidor originaba en las alumnas reacciones imprevisibles, que comprendían desde apariciones marianas hasta el acoso al sacerdote.

Empecemos por los milagros. Se corrió la voz de que la Virgen de la capilla se había movido ante dos niñas, que incluso habían visto volar la paloma que representa el Espíritu Santo. Una alegre excitación se apoderó del colegio. ¿Era posible que entre las alumnas hubiera una nueva Fátima o una Bernadette, protagonistas de las más famosas visiones marianas? Había colas para ver el prodigio, pero la Virgen y la paloma permanecían inmóviles, indiferentes a la enorme expectación. Temerosas del engaño, las monjas prohibieron finalmente el acceso a la capilla e intentaron averiguar quiénes habían sido las culpables de aquel rumor sacrílego. No las encontraron. Años después, una de mis hermanas me contó en secreto que las protagonistas del presunto milagro eran ella y una amiga. Se habían quedado mirando a la imagen sin pestañear y, cuando los ojos les ardieron, desviaron la vista. Ante su asombro, la silueta de María apareció en el aire frente a ellas. El milagro era un efecto óptico.

El puritanismo es una violencia soterrada. Es difícil medir las consecuencias de imponer a adolescentes esa forma rígida y artificiosa de contemplar la vida. Durante uno de mis últimos años en el colegio apareció un cura mayor y pudibundo, don Ángel. Aquel sacerdote, con su sotana y su alzacuellos, mostraba hacia nosotras tanto miedo como rechazo. Era carne de diván, pero en lugar de enviarlo a terapia lo destinaron a dar clases de religión en un colegio de niñas. En cuanto nos dimos cuenta de su debilidad, la aprovechamos. Tan pronto aparecía, volábamos hacia él como una bandada de ruidosos estorninos: «¡Padre, déjeme besarle el anillo!», «Padre, póngame la mano en la cabeza», «¡Padre, bendición!»… Don Ángel, acorralado, intentaba escabullirse, pero era imposible: de todos los rincones aparecían nuevas niñas que se lanzaban al círculo. Las de atrás empujaban a las de delante mientras éstas intentaban frenar el empuje para no caer sobre el cura que, demudado, rogaba que le dejáramos marchar. Nuestros gritos iban a más —«¡Bendición!», «¡Confesión!»— hasta que acudía una monja e, igual que pájaros cuando aparece el halcón, la bandada de niñas se deshacía al instante. Quedaba el cura, pálido y tembloroso como si hubiese sido asediado por una multitud de pequeñas y tentadoras Jezabel.

Recuerdo con nitidez los estallidos de risa.

Cuarenta pares de ojos en clase de religión observando fijamente la entrepierna de don Ángel mientras éste nos contaba por enésima vez la historia de la niña María Goretti, que fue acuchillada salvajemente por resistirse a ser violada. Al caer en la cuenta de nuestras miradas, el hombre empezó a balbucear y al final, azorado, bajó la vista. Una de nosotras aprovechó que estaba distraído para declarar en voz alta que llevaba bajada la bragueta. Rojo como la grana, don Ángel nos dio la espalda y, de esa guisa, salió huyendo del aula. En otra ocasión le colocaron en el picaporte de una puerta papel higiénico manchado con tinta roja como si fuese sangre menstrual. Si aquel cura creía que las mujeres eran el diablo, su paso por el colegio se lo confirmó.

Tampoco las monjas se libraban de nuestras burlas. La represión tenía un efecto bumerán. Había una religiosa que, en los recreos, se encerraba a fumar a escondidas. Sus alumnas la espiaban por el ojo de la cerradura y, tan pronto la oían exhalar el humo, empezaban a cuchichear: «Se está masturbando con un pitillo». Lo repetían cada vez más alto, hasta que la mujer salía furiosa entre la desbandada jocosa de las niñas.

Los momentos salvajes no fueron muchos, pero brillan con luz propia en la planicie de aquellos años.

¿Fue inicuo mi paso por el colegio? No, pero tampoco fue inocuo. Las monjas actuaron de correa de transmisión de los rígidos roles que la Iglesia, una institución con una férrea estructura machista, impone a hombres y a mujeres. La representación de Dios es siempre masculina en el imaginario católico. Cuando, en 1987, Juan Pablo I declaró que Dios era padre y madre se produjo un gran revuelo. Lo que escandalizaba no era la imagen del amor de Dios como amor también materno, sino la afirmación explícita de la existencia de Dios Madre. Antes de convertirse en el Papa Benedicto, Joseph Ratzinger, entonces prefecto de la Congregación para la Doctrina de la Fe, quiso zanjar el tema. «No estamos autorizados a transformar el Padre Nuestro en una Madre Nuestra: el simbolismo utilizado por Jesús es irreversible, está basado en la misma relación hombre-Dios que vino a revelarnos». Al decir «hombre», Ratzinger no interpretaba ese concepto como genérico, sino como alusivo en exclusiva al varón. Sus palabras parecían encaminadas a acallar las reivindicaciones de las mujeres dentro de la Iglesia. La superioridad masculina era reafirmada casi como doctrina.

Si los hombres están hechos a imagen y semejanza de Dios, el referente de las mujeres es María. Más que un referente, es un proyecto de vida. La Iglesia impuso que todas las niñas unieran su nombre al de la Virgen: María Paz, María Olga, Ana María, María Dolores, María del Mar, Eva María, María Gema, María Pilar, Rosa María… Aún hoy sigue siendo uno de los nombres más utilizados en España. El correlato masculino habría exigido que los niños añadieran el nombre de Jesús al suyo, pero tal demanda no existía. Eran las mujeres quienes debían tener siempre presente el ejemplo de María: una persona dócil y silenciosa, sin voz ni voluntad. Antes de iniciar la confesión el cura nos recibía con un: «Ave María purísima», y nosotras debíamos responder: «Sin pecado concebida». El pecado, del que María estaba libre, era el de la desobediencia de Eva. La desobediencia fue el primer pecado femenino.

Ese relato elaborado por la Iglesia ha propiciado la subordinación social y familiar de la mujer y contribuido a afianzar la jerarquía masculina.

En su ensayo *Y la Iglesia inventó a la mujer*, la escritora sarda Michela Murgia deconstruye la imagen femenina que se proyecta a través de la devoción católica a María y cuestiona el modo en el que somos narradas. De todos los interesantísimos puntos que señala, me parece especialmente relevante el que aborda cómo la relación desigual entre el hombre y la mujer, legitimada espiritualmente por la Iglesia, subyace a la violencia de género. En el matrimonio católico a la esposa le corresponde la resignación y la sumisión mientras que al esposo le corresponde el dominio. Basta con llevar la negación de sí misma a un extremo de autodestrucción para llegar a la violencia de género.

Mis monjas fueron las transmisoras de semejante narración. Sin saberlo, y con toda seguridad sin quererlo, predicaban como virtudes rasgos que comparten muchas mujeres maltratadas: la obediencia, el sacrificio, el silencio, el sufrimiento…

¡Ah, el sufrimiento! Hay una relación simbólica entre mujeres, sufrimiento y muerte. Una de las representaciones más habituales de María es la de *Mater dolorosa*. En el catolicismo el dolor es considerado un sentimiento connatural a la mujer hasta extremos grotescos. Cuando hacia mitad del siglo XIX se comenzó a estudiar la posibilidad de eliminar el sufrimiento en el parto mediante la anestesia, se abrió un debate teológico. ¿Cómo osaba la ciencia desafiar el castigo divino, aquella resonante condena a Eva en el Paraíso: «Parirás con dolor»? Hubo que esperar hasta 1956 para que el Papa Pío XII declarara «no ilegítimo» el parto sin dolor.

Cuando salí del colegio, pensé haber dejado atrás aquella etapa de mi vida para siempre, pero fuera me encontré con una imagen distorsionada de lo que allí había vivido. Estudié en una universidad donde el rector y los decanos eran hombres, trabajé en un periódico que nunca había tenido una directora, me convertí en escritora e ingresé en un mundo donde el poder, la crítica y el prestigio están asimismo mayoritariamente en manos de los hombres. Los datos son escandalosos. El predominio masculino no sólo se da en los premios institucionales, como el Nacional de Narrativa o el Cervantes, sino también en los privados, como el Nadal, el Biblioteca Breve, el Alfaguara, el Herralde... Darío Villanueva, exdirector de la RAE, reconoció que esa institución tiene «un déficit histórico en la presencia de mujeres». De los cuarenta y seis académicos con que cuenta, sólo ocho son mujeres. No es posible citar una sola directora en los más de tres siglos de existencia de la RAE.

Las ideas inconscientes sobre la masculinidad —racionalidad, seriedad, autoridad, complejidad, lo universal— y sobre la feminidad —emocionalidad, frivolidad, facilidad, sensibilidad, lo doméstico— contaminan asimismo nuestros hábitos lectores. Más vale ser consciente de ello para poder atacarlo. En su ensayo *La mujer que mira a los hombres que miran a las mujeres*, Siri Hustvedt señala la discriminación lectora según el autor del libro sea hombre o mujer. «Una encuesta del año 2015 realizada por Goodreads reveló que el ochenta por ciento de los títulos escritos por mujeres fueron leídos por mujeres, quienes también leyeron el cincuenta por ciento de los escritos por hombres». En otras palabras, los hombres prefieren las novelas escritas por otros hombres y mantienen una actitud peyorativa hacia las escritas por mujeres.

La realidad es reincidente. Da igual ser creyente o atea, vivimos en una cultura que comparte con el relato cristiano la estructura masculina de dominio. Una cultura donde muchos hombres hablan como si al final de su discurso resonara ese «Palabra de Dios» con que se rubrica la lectura de las Escrituras en misa. El sexismo, consciente o inconsciente, forma parte del día a día. A nadie le extraña, por citar una situación habitual, que un grupo de nueve mujeres y un hombre se defina como «nosotros» y nunca como «nosotras», porque si se eligiera esta última opción, mucho más lógica, el hombre en cuestión se molestaría o, en el mejor de los casos, se reiría como si se tratase de una broma. En nuestra cultura lo masculino no ofende, pero lo femenino «contamina».

Yo tuve que desaprender la educación recibida en aquel colegio de monjas. Tuve que aprender a leer de nuevo. Tuve que aprender a pensar. Tuve que aprender a escribir. Leer, escribir, pensar forman parte del mismo proceso. Tuve que cuestionar mi identidad como mujer. Disociarme en un análisis casi esquizofrénico. Indagar sobre lo dado y lo construido, lo propio y lo ajeno. Desprenderme de mí misma para encontrar el camino hacia mí misma. Localizar los desvíos que me apartan de lo que soy. Tuve que aprender a interpretar el mundo y mis propios sentimientos. No aceptar lo transmitido y tampoco ignorarlo, sino replantearlo. Poner en duda el Canon existente. Deconstruir. Cribar. Buscar alternativas.

Tuve que buscar mi voz.

Otra narración es posible. Ésa es mi fe feminista. Ése es mi impulso creativo. Mirar con ojos nuevos. Hacer visible lo invisible y caer en la cuenta de que, a menudo, lo más visible resulta invisible. Ser consciente de que el acto literario es también un acto político.

Cuando publiqué mi primer libro, *Amores patológicos*, un crítico del periódico *La Vanguardia* escribió:

«Nuria Barrios sabe crear tensión, imagina situaciones tan estrambóticas como atractivas y tiene la extraña capacidad de resultar casi igual de creíble cuando narra con voz masculina que cuando narra en femenino».

Jamás había leído una crítica a una novela escrita por un hombre que destacara que los personajes femeninos del autor resultaban «igual de creíbles» que sus personajes masculinos. ¿Se imaginan un comentario semejante a los autores de *La Regenta*, de *Madame Bovary*, de *Anna Karenina*, de *Retrato de una dama...*? ¡Por supuesto que no! Se da por hecho que los hombres no tienen ningún problema para meterse en la piel de las mujeres. Pero que las mujeres tengamos la misma habilidad para meternos en la piel de los hombres suscita asombro. El crítico de *La Vanguardia* dejaba claro que, a pesar de mi «extraña capacidad», no lo había conseguido. Yo, mujer al fin y al cabo, resultaba «casi» igual de creíble en los personajes masculinos que en los femeninos. Casi. Por lo visto no había logrado escapar de las limitaciones que él relacionaba con mi género: el estigma de lo femenino.

Sin embargo, nada resulta más sencillo a una mujer que hablar como un hombre: nos han educado con referentes mayoritariamente masculinos que nos han sido dados como universales.

Recuerdo también el comentario de un conocido tras leer aquel libro. Me habló de la conmoción que le había producido y me la explicó de forma muy gráfica: «Me he sentido como quien descubre que la dulce vecinita es Jack el Destripador». ¿Dulce vecinita? ¿Jack el Destripador? Pues sí. La dulce vecinita era Jack el Destripador, y a la inversa. Todos somos masculinos y femeninos al mismo tiempo. ¿No puede una escritora ser a la vez procaz y tierna? ¿Violenta y vulnerable? ¿Dura y emocional? ¿Intelectual y pasional? Todo el gran arte es masculino y femenino.

En su ensayo *Literatura y psicoanálisis*, Lola López Mondéjar afirma que se crea desde un más allá del género y apunta a la necesidad de releer la literatura de hombres, con la que nuestra mirada y nuestra voz han sido alfabetizadas. Menciona, en su apoyo, a la poeta Ada Salas. «Se escribe desde la raíz, y en la raíz sólo reside lo humano […]. Escribir es exhumar, volver a los orígenes donde el hombre (mujer u hombre) no está sometido a más condición que la de su humanidad». También Siri Hustvedt, en el ensayo antes citado, critica el rótulo de «arte femenino». «La experiencia que hay que traducir es profunda y antigua. Se construye a partir de la memoria, consciente e inconsciente. Es del cuerpo, femenino y masculino, o femenino-masculino».

Siempre he tenido conciencia de lo que significa ser mujer: como reto, también como lastre. El único espacio donde me siento libre es en la escritura, cuando queda en suspenso la jaula de mi identidad y permanezco abierta a todo. Ahí los límites son otros, los siento otros. Qué privilegio transitar por el hermoso camino de lo imposible que brinda la ficción. No creo en la literatura femenina y aún menos en la literatura políticamente correcta, que no es sino un nuevo puritanismo. Tampoco creo en la literatura pedagógica ni en la reivindicativa. Pero sí creo que las mujeres no debemos aceptar el discurso establecido sobre numerosos personajes literarios femeninos. No debemos permitir que nuestros ojos lectores resbalen por encima de imágenes femeninas que, por superficiales, son incompletas y erróneas.

Uno de los primeros poemas que escribí está dedicado a Pandora. Se titula «Ciencia ficción»:

Pandora, hermana, abriste una caja prohibida.
Si hubieras sido hombre se hablaría de ciencia,
eras mujer y fuiste condenada,
responsable perpetua de todos los males:
la Enfermedad, la Vejez, la Locura, la Muerte.
La curiosidad femenina no merece galardones,
        sino hoguera.
Acuérdate de Eva.
Con harina, agua y fuego cociste tu propia caja,
la colocaste entre tus piernas
y gritaste:
¡Misterio!
Tu voz aprisionó el hambre de los hombres.
Pandora, hermana,
la Ficción, ¡qué gran venganza!

Pandora, la Eva griega, ha pasado a la literatura como la primera de las mujeres asociadas a las fuerzas oscuras, el mal, la desgracia: Eva, Helena de Troya, Medea, Circe… A ellas se suman un sinfín de estereotipos establecidos por el discurso narrativo históricamente dominante: Penélope o el apolillado mito de la fidelidad conyugal; Casandra o el cruel mito de la lucidez femenina tachada de locura; las Sirenas, esos seres mitad mujeres mitad pájaros, que tanto recuerdan a las brujas en su sabiduría y en el odio que siempre han suscitado en los hombres; Eurídice, una más de la larga lista de personajes femeninos secundarios que la literatura utiliza para realzar a los personajes masculinos…

Hay algo en todas ellas, en lo no contado, que me intriga y también me perturba. Como un espejo en el que me contemplara y tras el claro reflejo atisbara una imagen más profunda, más oscura, más real. Reescribí la historia de Penélope en un libro de poesía que se titula *Nostalgia de Odiseo*. Al poner el foco sobre ella apareció una mujer tan anhelante de conocimiento como su marido Odiseo y, como él, embarcada en aventuras no menos extraordinarias y peligrosas: la construcción de la identidad, la invención del amor, la locura, el deseo, la muerte, también la maternidad.

Yo reivindico que las mujeres creemos una genealogía propia. Es necesario retar las convenciones y crear un nuevo discurso. Es preciso quitarle el María a Pandora, a Eva, a Helena, a Dalila, a Lucrecia… Rescatar sus nombres a secas, eliminando las cargas de servidumbre que transmiten la tradición religiosa y la oscura tradición patriarcal.

Reivindico el buen hacer y no sólo la excelencia. Eso implica la utilización de las cuotas hasta alcanzar el equilibrio. Sólo así será posible desmontar el gran abuso que perpetúa nuestra sociedad y que nos condena a las mujeres a ser actores secundarios de por vida.

En 1974 la escultora Louise Bourgeois escribió: «Una mujer no tiene lugar como artista hasta que prueba una y otra vez que no será eliminada».

Reivindico la solidaridad femenina para no ser eliminadas y avanzar. La pregunta qué soy, quién soy, esta íntimamente unida a la pregunta qué somos, quiénes somos. La individualidad queda huérfana sin la colectividad. El Yo forma parte del Nosotras. Si no avanzamos todas, no avanzamos ninguna.

El último poema de *Nostalgia de Odiseo* habla precisamente de eso:

> yo
> que he sido Penélope
> soy
> nadie
> todas
> enhebradas
> enhembradas
> nosotras

En un tiempo en que las desigualdades siguen siendo notables, la airada reacción de partidos como Vox o el PP frente al feminismo muestra que algo estamos haciendo bien las mujeres. Santiago Abascal, el presidente de Vox, ha llegado a reclamar «una ley que proteja al varón». Su número dos habla de «feminazis». Pablo Casado, el presidente del PP, afirma la necesidad de combatir «la ideología de género». Una retórica que comparten la Iglesia católica y los grupos ultraconservadores. El obispo de Alcalá de Henares ha declarado que la ideología de género es «una imponente estructura de pecado». El Papa ha dado el penúltimo martillazo: «Todo feminismo acaba siendo un machismo con falda». Insultos, difamaciones y amenazas son parte de una sociedad que se resiste a cambiar. *Eppur si muove.*

La memoria es ficción. El relato que acabo de contar, con sus monjas y su capilla y hasta su sacerdote mojigato, es una forma de ficción.

Ninguna ficción es inocente.

MI VULVA

CRISTINA FALLARÁS

CRISTINA FALLARÁS (Zaragoza, 1968) es periodista y escritora. Ha publicado varios libros, entre ellos, *Las niñas perdidas* (Roca, 2011; Premio L'H Confidencial de Novela Negra 2011, Premio del Director de la Semana Negra de Gijón 2012 y Premio Dashiell Hammett de novela negra 2012, convirtiéndose con este último en la primera mujer en recibirlo en toda la historia del galardón), *Últimos días en el Puesto del Este* (DVD ediciones, 2011; Premio Ciudad de Barbastro de novela corta en 2011), y *Honrarás a tu padre y a tu madre* (Anagrama, 2018). Ha trabajado en numerosos medios de comunicación. Ahora ejerce de comentarista/analista política en diversos programas de televisión (en Telecinco, Cuatro, Telemadrid, TV3). Es columnista en el diario *Público*.

No sé si he recibido algún libro, texto, nota, artículo, prólogo o prospecto sobre *el tema*. Si ha sido así, no lo recuerdo. Me refiero a cuántos han pasado por delante de mis narices como desfilan las viejas agrias de este barrio que me expulsa, cuya razón de ser consiste en expulsarme, expulsarnos como antes las rapaban. Rapar. Un día me hablaron de reconstrucciones, de operaciones quirúrgicas para rejuvenecer, de asuntos estéticos.

El tema.

Se presupone, cunde la sensación de que *el tema* debería pender del capítulo social llamado Feminismo. O también de la sección denominada Maternidad.

El tema.

Si colgara de Feminismo, se derramaría en borlas con los nombres de Sororidad, Aborto, Menstruación, Beauvoir, Paridad o Revolución. Si pendiera de Maternidad, se derramaría en borlas con los nombres de Lactancia, Malamadre, Nomadre, Freud, Menopausia o Revolución.

Pero *el tema* no cuelga. Y si colgara, si admitiéramos que cuelga, todo se vendría abajo. Abajo, de eso se trata. Mi madre me decía: «Lávate bien ahí abajo». Mi padre: «Cuidado con el bañador, que se te marca ahí abajo». Lo que cuelga son los penes. Y los cojones.

Porque *el tema* no se nombra, aunque todo lo que lo rodea parezca concluir en un agudo enunciado de Revolución.

El tema está proscrito, arrumbado en la nada vacía de la ignorancia. Las revoluciones no tocan lo proscrito, esto es así. Ni las teorías lo tocan. Si acaso lo rodean. ¿Qué nombramos sino *el tema* al decir Menstruación, al decir Aborto, al decir Menopausia, al decir Coito, al decir Orgasmo, al decir Mírame con amor a los ojos, luz de donde el sol la toma?

El tema.

O sea, la vulva.

O sea, mi coño.

Imagen del Pantocrátor de Sant Climent de Taüll

La mañana lucía el malva de los golpes, el de los cardenales antes de ser verdes. Nuestra vida no era suave, pero manteníamos las costumbres de los matrimonios que, sin amarse, todavía planean actividades para los fines de semana. Asuntos culturales herencia de la vida que se llevaba en los noventa, con otros matrimonios y otros hijos.

El crío ya se había resignado a la excursión y arrastraba por el Museu Nacional d'Art de Catalunya su decisión de no ser, de no estar, de no mirar, cuando lo plantamos frente al Pantocrátor de Sant Climent de Taüll.

«Mira cómo está rodeado por una ojiva». Alguien lo dijo, no recuerdo. «Se llama mandorla, que en italiano significa "almendra". Es la Almendra Mística». Sorprendentemente, el niño se detuvo un rato ante el Jesucristo sentado del que sólo sobresalen del marco ojival el halo que lo corona, los pies y los dedos índice y corazón de su mano derecha.

Yo también me fijé en los dedos.

Justo a la salida de la adolescencia, pasé tres años masturbándome. Ésa es la verdad. Masturbándome durante tres años, cada día de cada mes de los tres años: era prácticamente una forma de vida. Ésa es la verdad. Educada en el temor de dios por las monjas y profesoras del Sagrado Corazón, masturbarse es un acto que dobla su valor. Y su placer. Masturbarse como forma de pecar produce un temblor magnífico porque te convierte en un animal. Alguien con alma, alguien educada en la represión y la virginidad, alguien que ha asumido como humanos los sentimientos y actos ligados a la humildad, la obediencia y el sacrificio, y como actos animales aquellos que sólo buscan el placer propio y la concupiscencia. Ésa era yo. Así que frotarme contra la almohada o cualquier esquina, dirigir el chorro de la ducha contra mi clítoris, cruzar las piernas apretando en los viajes en tren, estrechar el cinturón del vaquero hasta clavarme la costura entre las piernas y ese tipo de cosas me convertían en un animal. Sólo quien sabe abandonar su cuerpo a la animalidad en el momento sexual puede comprender que aquel impulso era constante, imparable, diario, absoluto. Más o menos como los que describen los autores que cuentan cómo se pajeaban todo el rato, pero en una chavala.

Sin embargo, una vez terminado el último espasmo, el alma pía regresaba a mi cuerpo. Y con el alma, la certeza del castigo. De tal manera que culpaba a mis fabulosos orgasmos de cada una de las desgracias que me sucedían. Eran desgracias del tipo A ese chico no le gusto, He suspendido matemáticas, Se me ha quemado la tostada, Se me ha escapado el bus del cole y así. Pero también, muy de vez en cuando, eran del tipo Mi abuelo tiene cáncer. Por mi culpa. Y en ese «por mi culpa» todo volvía a comenzar irrefrenablemente.

Plantada junto al niño ante el Pantocrátor de Taüll, mirando aquellos dos dedos del Santo Cristo de los cojones, me volvió a suceder. Miré la mandorla y se me hizo evidente su vulva. Miré los dedos dirigidos hacia arriba, donde imaginé un clítoris dispuesto a explotar y pensé como una boba en que quizás eso sí que tenía castigo aunque ya fuera una mujer adulta, casada, junto a mi niño. Los senderos de la excitación son, ay, insondables.

Seguimos andando mientras sopesaba la posibilidad de esconderme en cualquier esquina y proceder; los niños se perdieron en los retretes a salvo de dorados y bóvedas, y nosotros, los progenitores, como buenos adultos de inspiración socialdemócrata, recorrimos lo que se supone que recorre ese tipo de gentes.

Con el mismo ánimo pedagógico de los noventa, les preguntamos a la salida qué era lo que más les había gustado.

—La almeja divina —respondió el chaval.

Tardé algunos minutos en comprender que se refería a «la almendra mística», la mandorla. El crío rondaba los ocho años, así que deseché la idea de que, con la palabra «almeja», se refiriera al coño. ¿Había confundido el nombre o lo hacía a propósito? Y en caso de hacerlo a posta, ¿de dónde había sacado el sinónimo «almeja» para referirse a la vulva?

El tema.

Imagen de la Virgen de Guadalupe

Resultaría demasiado fácil echar mano a continuación de la Virgen de Guadalupe.

Sí, demasiado fácil.

Tan fácil que voy a pararme antes un momento para tratar de recordar cuántas cosas he tenido fáciles en mi vida. No hay trampa en esto. Cada mujer, de cada punto geográfico con su geográfica manera de sobrevivir, con su geográfico color y su geográfico cuerpo, cada mujer de cada cuerpo de cada mundo tiene derecho a enumerar cuántas cosas ha tenido fáciles en su vida. Se trata de algo que no solemos hacer, porque lo primero que nos ha resultado fácil es enumerar las cosas que hemos tenido difíciles. Nada es inocente.

Soy una mujer europea, blanca, rica y bisexual. Podría decir que lo tengo todo, casi todo. He tenido una infancia algodonosa, entre gentes ricas y muy ricas que me educaron en la certeza de que todo me sería dado por la simple razón de desearlo. Me han amado y he amado. Me han hecho sufrir y he mordido lana de la hiel de la deslealtad, cosas ambas que incluyo entre lo fácil, entre lo bueno. He estudiado y he dejado de estudiar lo que me ha dado la gana, he podido leer todo cuanto he necesitado y mil veces más. Nunca he tenido miedo a que se me infligiera dolor físico, a que se me torturara, a un toque de queda, a secuestros o violaciones, a que desaparezcan a mis hijos, a una cruz en la puerta o en la solapa. Jamás he vivido una guerra ni su posibilidad. En la vida he pasado hambre, ni yo ni quienes me han rodeado. Lo he perdido todo varias veces, y quizás eso sea lo mejor que me ha pasado en la vida muelle y requeteprivilegiada que me soporta.

Lo he tenido todo siempre, mi enumeración es casi completa, la lista de lo que he tenido fácil en la vida.

Menos la vulva.

No me refiero a que lo tengo todo fácil, no me refiero a la enumeración que nos debemos. Sencillamente afirmo que lo tengo casi todo menos la vulva. Me pregunto cuántas mujeres la tienen. Conozco mejor el tránsito por la adolescencia de la mayoría de los escritores norteamericanos, franceses, alemanes, caribeños o argentinos, que el color y la forma de mi coño.

Cada mujer.

La vulva es cada mujer.

Y ninguna mujer, en el caso de proponérselo, incluiría su coño entre los asuntos que le han resultado fáciles. Ni siquiera las europeas, blancas, ricas y bisexuales como yo. En este momento, según el Banco Mundial, más de 3730 millones de mujeres habitan el planeta. ¿Cuántas vulvas? ¿Cuántas de ellas tienen coño, aparte de las más de tres millones a las que les rebanan el clítoris y los labios inferiores y superiores antes de que sangren por sí mismas?

La gran vulva es la Virgen de Guadalupe. Oh, divina almeja, oh virgen dentro de su propia vulva. Oh, divina almeja que alberga lo que ninguna de nosotras somos: una virgen.

No se nombra la divina almeja, no la de la puñetera mandorla sino la nuestra, no se la representa, porque necesitaríamos meterle una virgen dentro.

Ésa es la razón.

Imagen sacada de una página pornográfica

Uno de los asuntos más complicados al llegar a una ciudad nueva es localizar a una ginecóloga *de confianza*, o sea que una amiga te la recomiende. Luego está la sanidad pública, pero existe un impulso a que la primera persona que eche una ojeada a tu historial, sobre todo tras haber parido en la privada, sea una ginecóloga privada. En mi caso, recién llegada a Madrid, con veintinueve años, fue un ginecólogo.

Aquella parecía la sala de espera de un embajador que hubiera atesorado muebles de época desde los años cuarenta, quizás desde el 39. Todo pesaba. Pesaban los cortinajes, las mesas de madera maciza, los fabulosos jarrones chinos, la plata gruesa de los candelabros que amarilleaba por decisión de alguien, que bien podría presentarse tan pulida como cada una de las decenas de detalles que llevaban a pensar en la aparición de un ginecólogo salido de *La lección de anatomía del Dr. Nicolaes Tulp*. El tipo que asomó para invitarme a pasar a la consulta recordaba más bien a Rembrandt entrado en edad tras una limpieza de cutis.

Sin mediar pregunta, me señaló con la barbilla el armazón de tormento por el que debe pasar toda mujer que acude al ginecólogo. Jamás de los jamases me he sonrojado ante tamaño potro de tortura. Se trata de una camilla en cuyos extremos inferiores se alzan sendas barras metálicas terminadas en dos semicilindros del mismo material. Consiste en tumbarse en el lecho desnuda de cintura para abajo. Una vez en esa posición, levantas las piernas y las colocas dobladas de manera que en los dos canales se apoyen las pantorrillas, desde la rodilla hasta el tobillo. Camilla, pantorrilla, rodilla, tobillo, cuántas palabras cuya idea de diminutivo encierran su contrario cuando el doctor te ordena desplazar el cuerpo hacia el borde inferior, hacia él, de forma que los genitales y el ano queden completamente abiertos.

Aquel Rembrandt de pulcra manicura no procedió entonces a introducirme su dedo corazón en la vagina, como es costumbre. Me pellizcó un mechón del vello púbico no tan suavemente como requerirían sus candelabros y exclamó con desprecio: «¿Qué significa todo esto?». Antes de que yo pudiera preguntarle a qué se refería, añadió: «Esta selva, ¿qué significa esta selva? Hay que eliminar esta mata de pelo. Toda, todo el pelo». Entonces sí, entonces introdujo su dedo en mi vagina y hurgó a su gusto o necesidad antes de hacer debidamente lo mismo con mi ano.

No lloré hasta que salí del portal.

Por supuesto, no volví a ver a aquel desaprensivo y mi selva continuó donde estaba. Hasta que por primera vez un hombre me tumbó y me afeitó el pubis, la vulva, las ingles y el ano. Entonces procedió a realizar algo que nunca antes había hecho. Que él no había hecho. Me abrió las piernas y posó sus labios sobre la vulva cerrada. La fue besando despacio, toda entera, de arriba abajo y en sentido contrario. Después la lamió lentamente, pasó la lengua una y otra vez, una y otra vez, y fue abriéndola hasta que, ya completamente expuesta, me besó los labios como se besa la boca.

Volví a vivir dicha operación con algún hombre más y, a medida que pasaba el tiempo, y con cada hombre nuevo que pasaba por mi cuerpo, sucedía con más frecuencia.

Después conocí el porno.

Mi coño es grande y cerrado. Los labios mayores parecen algo hinchados y forman una línea que recuerda en algo a la que debía de tener cuando niña, pero no lo sé, porque jamás me miré la vulva siendo niña. Tampoco siendo adolescente. Ya llevaba algunos años follando cuando decidí mirarme el coño en un espejo. Lo que sentí al verlo me resultó asombroso. No bueno. No malo. No feliz ni desdichado. Asombroso.

Asombroso.

El primer hombre blanco que se internó en la selva amazónica debió de sentir algo parecido. Lo mismo que aquel que recorrió el río Congo.

Asombroso.

Por fuera, mi vulva es clarísima, tirando a vainilla, como el resto de mi piel, con un vello no abundante y de color tostado. Abierta muestra un color semejante al de los pomelos, más bien la piel de los pomelos que su interior maduro. Por los labios menores ha pasado el tiempo como imagino que les sucede a todas las mujeres en la cincuentena. Se hinchan en cada acto sexual, solitario o acompañada, para después achicarse y volver a su aspecto rugoso y algo enjuto. El clítoris es pequeño y escondido habitualmente, no es un clítoris evidente, a eso me refiero, no está ahí si no lo buscas. Cuando estoy excitada sufre un cambio de tamaño y grosor que siempre me fascina. Se yergue y emerge de forma que incluso puedo cogerlo entre los dedos como a un minúsculo pene. Tengo uno de esos coños cuyo monte de venus es imposible de disimular con un pantalón estrecho, incluso con una falda de tubo.

Hay días en los que me gustaría bajarme las bragas, abrir las piernas y enseñarles mi vulva abierta a todas esas viejas amargas que afean mi presencia, mi forma de sentarme en las cafeterías que consideran suyas. Sentarme sobre una mesa, bajarme las bragas, abrir las piernas y mostrarles mi magnífico coño abierto.

Mi mandorla sin virgen.

Sin virgen.

LO HABITUAL

PILAR ADÓN

Pilar Adón (Madrid, 1971) es escritora, traductora y editora. Ha publicado los libros de relatos *La vida sumergida* (Galaxia Gutenberg, 2017), *El mes más cruel* (Impedimenta, 2010) y *Viajes inocentes* (Páginas de Espuma, 2005; Premio Ojo Crítico de Narrativa); las novelas *Las efímeras* (Galaxia Gutenberg, 2015) y *Las hijas de Sara* (Alianza, 2003), y los poemarios *Las órdenes* (Premio del Gremio de Libreros de Madrid), *Mente animal* y *La hija del cazador* (publicados todos en La Bella Varsovia, en 2018, 2014 y 2011 respectivamente). Ha traducido obras de, entre otros, Penelope Fitzgerald, Edith Wharton, Henry James y John Fowles.

1

Cuando publiqué en junio de 2016 una columna titulada
«Señor» en *El País Semanal*, lo hice desoyendo ciertos
consejos bienintencionados que me sugerían que me iba
a exponer demasiado y que lo que yo quería contar no
tendría gran interés porque se trataba de una confesión
demasiado íntima. La propuesta del periódico consistía
en escribirle una carta a alguien que de una manera u otra,
para bien o para mal, hubiera influido en la vida de quien
la firmaba, y por entonces (no han pasado ni tres años),
contar lo que yo quería contar daba pudor, vergüenza, y
suponía una declaración específica de algo excesivamen-
te personal que formaba parte de «las cosas que no se
dicen» y de lo que ha de mantenerse en privado. Oculto
y reservado. De lo que ha de guardarse en el ámbito de
lo doméstico. Lo que relataba de manera muy breve en
aquella carta era algo que no le había explicado a mi familia y que mi pareja sólo supo años después, cuando pasó el
tiempo suficiente para que la sensación de culpa fuera di-
luyéndose, haciéndose tratable y por tanto comunicable.

Lo que contaba era lo que me sucedió en la estación
de autobuses de una ciudad grande, en la que esperaba
precisamente a mi pareja, que viajaba desde Madrid para
que pasáramos juntos un día de verano. El autobús que me

había llevado hasta allí llegó una hora antes, de modo que busqué el mejor sitio para esperar y me fui a sentar en un banco de madera que daba a la puerta de llegadas. Una vez establecida, con mi bolso, mi libro, sabiendo que tenía un buen rato para leer, me puse a hacerlo, sin dejar de echar de vez en cuando un vistazo al reloj de la estación. No había pasado mucho tiempo cuando noté que un hombre mayor se sentaba a mi lado. Llevaba demasiada ropa encima y estaba demasiado cerca de mí, de manera que su brazo rozaba el mío. Yo tenía diecinueve años y sabía lo que podía significar esa cercanía. Además, el hombre me miraba de reojo y sonreía. Así que se hizo evidente lo que iba a venir a continuación. Cuando (sólo una vez, y seguramente impulsada por la escritura de este texto) he vuelto a contar esta historia hace no muchos días, en una conversación casual de trabajo, durante una comida, y utilicé la frase «y a continuación vino lo habitual», la editora que comía conmigo dijo que ya sabía lo que quería decir aquello de «lo habitual». Lo habitual alude a las sonrisas. A los roces que dejan de ser disimulados y empiezan a ser más directos y evidentes. A la respiración agitada. A los guiños. Los susurros… Lo habitual. Las mujeres sabemos a qué alude esa expresión. Los hombres no. Los hombres, nuestros compañeros, no saben qué es «lo habitual». Hasta hace poco tampoco sabían que sentimos miedo cuando caminamos solas por la noche, que somos lo suficientemente ingenuas como para llevar las llaves de casa entre dos dedos de una mano, tener un spray antivioladores en el bolso o como para hacer ver que vamos hablando por el móvil sea la hora que sea. Ahora algunos deciden cambiarse de acera si van andando detrás de una mujer por una calle vacía, pero es una práctica nueva porque hasta hace dos días la mayoría no sabía que pasamos miedo por el hecho de ser mujeres. Un miedo que nos hace ser más conscientes de que somos mujeres. Que nos hace pensar a todas horas que somos mujeres y nos hace sentir de manera física que somos mujeres. Un miedo que genera pensamiento y comportamiento. Un miedo que ellos no han sentido ni sienten. ¿Alguien imagina que un hombre pudiera sentirse inseguro por el simple hecho de ser hombre?

No sé si sería a ese «lo habitual» a lo que se referían las artistas e intelectuales francesas que firmaron el manifiesto contra lo que consideraban puritanismo sexual tras el caso Weinstein y como reacción al #MeToo o al #Balancetonporc. Quizá fuera ese «lo habitual» lo que defendían como derecho al tonteo y al coqueteo y al ligoteo por parte de los hombres. Algunas se desmarcaron del manifiesto más tarde, imagino que al darse cuenta de que lo que entendemos con ese «lo habitual» se relaciona directamente con la intimidación, la humillación, la invasión del espacio propio, la coacción, la asunción de una superioridad física y social, la amenaza y el empleo de un tipo de fuerza muy específica, que, en mi caso, no fue física sino anímica. También social. Y cultural. Asociada al hecho de que el hombre fuera muy mayor, casi un anciano, y gitano. Por no parecer irrespetuosa con los mayores ni prejuiciada (la educación recibida), no me levanté de inmediato ni me giré ni le increpé. No actué con firmeza. No reaccioné como quería reaccionar. Todo lo que hice fue moverme un poco en el banco para alejarme sin que se notara mucho, no fuera a reprenderme o a avergonzarme ante los demás por maleducada, grosera, intolerante. Y aquello, el que yo me moviera en el banco, pareció marcarle el pistoletazo de salida. Pareció indicarle que había llegado el momento de iniciar un asalto más feroz, y pasar a la segunda fase. Instante en que me puso una mano en la cintura mientras con la otra se abría un lado de la chaqueta para mostrarme el surtido de pulseras y collares dorados que llevaba prendidos del forro interior mediante unos alfileres. Lo que me dijo entonces, muy cerca de la cara, muy apretado a mí, fue que todo aquello sería mío si me iba con él al baño para hacer aquello que le daba tanto gustito y de lo que no se enteraría nadie. Porque nadie sabría nada y yo me iría con un montón de oro a mi casa. «No seas tonta», me dijo. Y repitió «con el gustito que da». Una expresión que aún me ataca y me hace pensar si realmente debería estar escribiendo esto. A esas alturas los nervios no me dejaban decidir qué hacer ni cómo hacer. Porque ¿cómo se atrevía aquel hombre a plantearme algo así, a mí, que estaba en la universidad, que era una buenísima alumna que había empezado la carrera con unas notas impresionantes, que apenas había comenzado a descubrir lo que eran las relaciones físicas porque a lo que me había dedicado toda mi vida era a estudiar? ¿Qué le hizo pensar que podía estar interesada? ¿Cómo se atrevía?

Todas sabemos lo que es encontrarse en una situación semejante. No se debe generalizar, pero todas lo sabemos. Los nervios. Las palpitaciones en las sienes y en el cuello. La sensación de que los demás, las buenas gentes que nos rodean, están viendo lo que sucede y que su objeto observado, su centro de análisis, somos justo nosotras. Las desvergonzadas. Las descocadas. Esos buenos hombres y esas buenas mujeres se mantuvieron expectantes, a la espera del siguiente paso de la jovencita. A la edad que yo tenía por entonces ya se sabe lo que es oír frases «lisonjeras» por la calle, que nos toquen el culo en el metro atestado de la mañana, que algún profesor se tome un interés muy especial por lo que decimos y por lo que llevamos puesto. Ya se sabe lo que es tener que moverse con discreción para que una mano «amistosa» deje de estar sobre una de nuestras rodillas. A las mujeres nos pasan esas cosas. A los hombres no.

En un curso de defensa personal al que asistí hace unos meses, el instructor insistía en que no hay educación que valga en estas situaciones. Ni reparos. Ni consideraciones. Hay que salir corriendo. Deshacerse del acosador. No se puede tener educación en estos casos. La cuarta entrada de la RAE para la palabra «educación» es la de cortesía, urbanidad. Ese tipo de educación ha de quedar para un escenario en el que también los demás hagan gala de ella. En un escenario de iguales. Pero las mujeres no somos iguales.

Salir corriendo: eso era lo que yo quería hacer. Pero, por unos motivos que todavía hoy comprendo, esos motivos reconocibles amparados por la educación recibida, por lo que puedan pensar los demás, por la obediencia, por el acatamiento de las normas y la inveterada sensación de inferioridad, y más tratándose de una mujer joven a la que le han enseñado que hay que respetar a los mayores, y más tratándose de una mujer joven que estaba sola esperando sola a un chico, no pude salir corriendo. Por esos mismos motivos, sentí que debía disculparme. De modo que le dije que no moviendo la cabeza. No, gracias. Con media sonrisa. No. No me interesaba. Como si me estuvieran ofreciendo por teléfono la posibilidad de comprar un apartamento baratísimo en Torrevieja, Alicante. No. Gracias. No. No me interesa...

La educación y las maldades de la amabilidad y de la cortesía, con todas sus consecuencias. La educación que a ellas les asigna la espera y a ellos, el ataque. Que a ellas les impone el recato y a ellos, la travesura. Que a ellas les habla del hombre que va a conquistarlas, ya sea con su caballo o con su espada, y a ellos, de la mujer que les va a cuidar para siempre y que va a suplir el papel de su madre.

No le dije nada a nadie. Una de las mayores bazas con las que siempre han contado el miedo y quienes lo imponen es la de la vergüenza del atemorizado, su pudor, su sensación de culpa. Derivaciones, todas ellas, que llevan al encierro, a no comentar nada. A no abrirse. Y esa cerrazón lorquiana hace que la indefensión se mantenga. La presión de la propia conciencia. Del «tenía que...», del «si hubiera...», del «seguro que...». Pasé ese día y el día siguiente y muchos días siguientes en silencio. Sin hablar de la repugnancia, de la porción de inocencia que se me robó esa mañana, sintiendo en cierto modo que la culpa había sido mía por estar allí. Por estar sola. Por no haberme mantenido alerta. Por no haberme levantado antes, por no haberle respondido antes, por no haberme negado antes ni haber sido más contundente antes. Aunque ¿y las circunstancias? ¿Y la edad del hombre? ¿Y mi edad? ¿Y mi educación? Seguí encerrada dentro del «yo misma» con la certeza de que lo normal era no hablar, aguantar la presión de mis propios reproches. Convencida de que era a mí a quien se juzgaba por el hecho de estar esperando a un chico una mañana de verano en la estación de autobuses de una ciudad grande. Y, en cierto modo, supongo que sigo creyéndome culpable de algo. Aunque de lo que me acuso ahora es de no haberle gritado a ese hombre a la cara que me dejara en paz. Todo lo que he logrado hacer con el paso de los años ha sido trazar cientos de escenas alternativas en mi cabeza, argumentaciones, defensas y acusaciones, y, finalmente, escribir un relato titulado «Noli me tangere».

Cuando me levanté y me fui, me cayó a la espalda una violencia verbal desaforada por parte de un viejo que sentía que se le había escapado la presa después de haberse portado «tan bien» con alguien a quien podría haber forzado. El hombre podría haber forzado a la mujer. Y, en cambio, le ofreció un pago. De modo que el hombre insultó a la mujer (a mí). La ridiculizó. Y su ira fue mi espanto y mi vergüenza. Ese hombre se quedó en aquel banco para siempre y su comportamiento definió el mío para siempre. Su deseo fue mi asco.

2

¿Se puede contar algo así? ¿Se puede esperar comprensión ajena? ¿Qué respuesta cabe esperar cuando se pone sobre la mesa una experiencia en la que no se produjo una agresión física ni se generó ningún golpe, pero que aún hoy, cuando ya he cumplido los cuarenta y siete, me sigue desquiciando? ¿Resulta ofensivo hacer una confesión así? ¿Parece excesiva? ¿A quién ofende? ¿Este tipo de experiencias personales puede convertirse en algo comprendido por los demás, compartido y, de ese modo, universal? Ahora sí. En aquella época, decididamente no.

Si retrocediéramos en el tiempo, advertiríamos lo distinta que era la ropa, lo estrambótico de los cortes de pelo, lo antiguo de la estación de autobuses y hasta lo descolorido de la luz. Pero también repararíamos en elementos más imperceptibles, menos físicos, como el comportamiento apático de los demás, de los que se quedaban mirando sin actuar, sin hacer ni decir nada. Habría algo de recelo en sus miradas y tal vez también algo del regodeo que siempre llega de la mano de los correctivos, del deseo de venganza, porque habría quien pensara que «ella se lo ha buscado» por estar ahí sola, por querer leer en un lugar donde nadie lee, por llevar un vestido, por esperar a un chico. «No exageres», se nos decía. «Tampoco será para tanto», se nos decía. «Algo habrás hecho», se nos decía. Y no ha pasado tantísimo tiempo desde que oíamos estas palabras. Desde que se nos hablaba así. De regreso a la actualidad, sé que la yo de cuarenta y siete años se habría acercado a la yo de diecinueve para ayudarla, para apartarla de ese hombre. Estoy convencida de que la yo de cuarenta y siete habría hablado y habría intervenido. A día de hoy, quiero pensar que una situación como aquélla sería impensable porque cualquiera se habría aproximado a nosotros, a nuestro banco, y le habría recriminado a él lo que estaba haciendo, lo habría puesto en evidencia, lo habría censurado, a pesar de los nervios y a pesar de la tensión que siempre causa el enfrentamiento. La agitación que genera el conflicto se mantendría, pero la conducta sería otra porque vivimos en los días del desvelamiento y porque hemos abierto las puertas de la casa de Bernarda Alba para salir a la calle. Ha llegado por fin el tiempo de la revelación y del clamor. De la manifestación pública. Hemos descubierto que el malestar que sentimos en ciertas circunstancias no es privativo y que no somos nosotras quienes tenemos que enjuiciarnos ni ajusticiarnos. Las realidades del abuso y la indefensión han dejado de ser «cosas mías» para pasar a ser «cosas de todos», y hemos dejado de preguntarnos «¿seré yo?» para darnos cuenta de que «lo habitual» era algo que nos sucede a todas. Tenía que suceder y está sucediendo. Cuando leía novelas de Martin Amis y notaba que algo no estaba bien, que algo me chirriaba, algo que no era capaz de definir, de modo que volvía a preguntarme: «¿Seré yo, que no lo capto?», en realidad no era yo; era él. El rumor subterráneo que se extendía por todo el mundo tenía que convertirse en un estruendo que oyeran también ellos.

La primera vez que vi *Thelma y Louise* no me impresionó que Thelma creyera que le tenía que pedir permiso a su marido para irse con su amiga un fin de semana a una casa en la montaña. Ahora me parece, como a todos, pasmoso.

Y, no obstante, a pesar del desvelamiento, sigue existiendo una discordancia entre el deber ser y el ser. A pesar de que ahora hablemos y señalemos, son muchos los años de ataque, denuesto y desintegración de lo femenino, y se mantiene la discordancia entre lo que creemos que es y lo que de verdad es. Esa discordancia, la que impera entre cómo percibimos el mundo en nuestro cotidiano día a día y cómo nos perciben en el mundo, no ha desaparecido ni va a esfumarse de un día para otro. Cuando parece que el futuro es hoy, cuando creemos que el nuestro es un sistema avanzado, que mira al mañana, que cree en el progreso, descubrimos que, de nuevo, aflora la divergencia y que nada es como creemos: ese pie en el futuro es menos firme que el otro pie que sigue bien anclado en el pasado. Pensamos en viajes espaciales, en la cirugía a distancia, en los coches sin conductor, en el freno consciente del cambio climático. Pensamos en un mejor trato a los animales, en una vida más larga, más sana, más realizada. Pensamos en cómo hacer sostenible el consumo y la producción de bienes. En librarnos de la contaminación. Creemos que lo importante es mirar al frente y no atrás. Y, de repente, parece que hemos de sacudir la cabeza por pura incredulidad al comprobar que hay quien, sorprendentemente, lo que busca es retomar lo antiguo, los valores del pasado, penalizar el aborto, llamar a las mujeres al orden. Ponerlas en su sitio. Creíamos estar en un punto y resulta que estamos en otro. De la discordancia ascendemos a la divergencia y de ahí a la discordia. Porque hay quien sigue creyendo que el heteropatriarcado es el estado natural de la condición humana y que así debe ser: la mujer en la casa con los niños; el hombre en la oficina con su camisa de manga corta en verano bien planchada. La idealizada sociedad americana de los años cincuenta, antes de la revolución hippy y de que las mujeres quemaran el sujetador, pero en España y con toros.

Pensamos en viajar a Marte cuando la mitad de la población mundial no es libre ni igual. Y si a alguien le asombra esta circunstancia, no tiene más que pensar si un ser que ha de llevar un ojo en la espalda cuando camina por la calle, que tiene miedo, que no se siente seguro, puede ser libre. Sólo seremos iguales cuando seamos iguales, y las mujeres no somos libres ni somos iguales, por muy ridículo que pueda parecer en una sociedad europea contemporánea.

La mujer de cuarenta y siete años de hoy ayudaría a la chica de diecinueve años de entonces, pero tendría que hacerlo porque la situación volvería a darse. El clamor existe, las puertas se han abierto, pero la amenaza y la agresión siguen repitiéndose y el hundimiento moral de la violentada sigue siendo un hecho igual de evidente.

Hace tiempo, anoté en una página del libro de Nancy Huston *Reflejos en el ojo de un hombre* unas palabras de Amelia Valcárcel referidas a Celia Amorós con las que afirmaba que no hay nada que sea «de sentido común». Cuando hoy damos por sentado que los derechos humanos, la libertad, la igualdad, son algo generalizado, algo inherente al hombre, que nos viene dado por el solo hecho de nacer humanos, nos equivocamos y estamos dejándonos llevar por una noción falsa porque no es así y nunca lo fue. Los derechos nunca existieron de manera natural. Son el resultado del trabajo y del esfuerzo de un número de personas que día tras día se empeñaron en defender unas ideas que consideraban justas y que, tras muchos textos, muchas reivindicaciones, peticiones y revoluciones lograron su sitio en una sociedad y han conseguido mantenerse. Lo que hoy consideramos «de sentido común» es en realidad el resultado de un empeño humano, no fruto de algo natural: hay que alcanzarlo, lo que conlleva un planteamiento, una conquista, una defensa y una protección. Los derechos no son algo automático. No son innatos. Hay que definirlos, desearlos, legislar sobre ellos, reivindicarlos, ampararlos y sancionar a quienes no los respetan. Cada vez que alguien dice que no es «ni feminista ni machista» está cayendo en un error que en gran parte se deriva de un dejarse llevar por la antipatía que sigue despertando el adjetivo «feminista», pero sólo hay que acudir al diccionario y leer: Feminismo: principio de igualdad de derechos de la mujer y el hombre. Machismo: actitud de prepotencia de los varones respecto de las mujeres.

«Se supone generalmente que las mujeres son más tranquilas, pero la realidad es que las mujeres sienten igual que los hombres, necesitan ejercitar sus facultades y desarrollar sus esfuerzos como sus hermanos masculinos, aunque ellos piensen que deben vivir reducidas a preparar budines, tocar el piano o bordar y hacer punto, y critiquen o se burlen de las que aspiran a realizar o aprender más de lo acostumbrado».

CHARLOTTE BRONTË, *Jane Eyre* (1847)

«Sería una lástima terrible que las mujeres escribieran como los hombres o vivieran como los hombres o se parecieran físicamente a los hombres, porque dos sexos son ya pocos dada la vastedad y variedad del mundo».

VIRGINIA WOOLF, *Una habitación propia* (1929)

«Los escritores, tanto los hombres como las mujeres, han de ser egoístas para tener tiempo de escribir, pero las mujeres no están entrenadas para ser egoístas».

MARGARET ATWOOD, *La maldición de Eva* (2006)

«Sólo soy otra más en la estadística sudafricana de violaciones. Mi historia no tiene nada de extraordinaria, ocurre en todas partes, a diario. No importa que tenga estudios superiores, que sea doctora, que iniciase una petición que salió en los periódicos.

Tengo vagina. Eso es lo único que importa».

KOPANO MATLWA, *Florescencia* (2018)

A menudo, cuando se plantea una situación de hipotética
igualdad en el ámbito profesional, un encuentro entre pares, una charla, un almuerzo de empresa, uno de los mayores escollos es el de la propia inseguridad, que puede
derivarse de factores muy variados, según los casos, y que
afectan por igual a hombres y a mujeres: una timidez mal
disimulada, un mal adiestramiento en habilidades sociales, un deseo de estar en otra parte... Las circunstancias
y los motivos son tan variados como las personas que los
arrastran, pero hay un aspecto común, fácilmente identificable, que se instala en la mente de una mujer que habla,
que no habla, que se levanta, que se sienta, que sonríe o que no lo hace: el pensamiento de que es mujer.
Alejandra Pizarnik afirmó: «Está dicho: una mujer tiene que ser hermosa: aunque escriba como Tolstói, Joyce
y Homero juntos». Esta «hermosura» a veces se asume
como una coraza protectora, una manera de defenderse
frente a las posibles hostilidades llegadas del exterior incluso en esos escenarios en los que aparentemente reinan
la igualdad y el equilibrio, pero de lo que deriva su «tener
que» es de una exigencia externa que cuenta con una lar-
guísima tradición de imposiciones sociales que terminan
por interiorizarse y por condicionar el autoconcepto, el
actuar o no actuar, el querer hacer, el decidir hacer y
el tener que resignarse con el poder hacer: el cuerpo de
la mujer como instrumento para el deleite de los otros y
como fuente de inseguridad para la propia mujer. No sé
de ninguna situación en la que un hombre se haya quejado
de que no se le tuviera en cuenta en una reunión por su
manera de llevar el pelo, y en cambio no es infrecuente

leer declaraciones de mujeres que se quejan de tener que recogerse el pelo en un moño para que en su espacio de trabajo (la Asamblea Nacional francesa, por ejemplo) las tomen en serio.

Han sido al menos tres las ocasiones en que alguien me ha comentado lo difícil que resulta contar con mujeres en mesas redondas, en charlas o conferencias, a pesar del empeño que ponen los organizadores en invitarlas y así mantener la «cuota». Las mujeres responden que han de cuidar de los hijos, de los nietos, que están muy liadas o, directamente, que no tienen ganas de viajar. Y los organizadores se quejan de que, como al final no hay mujeres, el congreso o el festival o la jornada en cuestión reciben serias críticas por ello, por la falta de «igualdad», cuando lo que les ocurre es que las mujeres no aceptan las invitaciones.

Margaret Atwood dice en *La maldición de Eva* que «las mujeres no están entrenadas para ser egoístas», un pensamiento que concentra toda una realidad en un enunciado directo, firme y breve. No estamos entrenadas para ser egoístas, de modo que seguimos ocupándonos de los demás. La mujer que espera. La mujer que calla. La mujer que cuida. La mujer que inspira. La mujer que anima. La mujer que no descansa nunca. La mujer que cuida de los hijos hasta que cuida de los padres. Que se siente culpable si no hay pan de hoy en la mesa o manzanas en el frutero. Que le da al *on* de la lavadora y, además, sigue escribiendo aunque lo tenga que hacer mirando atrás y a los lados, siempre al tanto de que hay algo diferente, algo que no pertenece al mundo de la escritura, algo relacionado con el ámbito familiar, que la está esperando y que ella pospone por escribir. Escribe mientras recuerda que no ha llamado a la madre para informarse de cómo va todo o se da cuenta de que ese día aún no ha preguntado por la salud del padre. Mientras piensa que debería estar poniendo el lavavajillas o que la ropa sigue sin tender. Y que si no lo hace ella, no lo hará nadie. Algunas mirando el reloj cuando llega la hora de la salida del colegio. La mujer sabe que siempre hay algo a lo que renuncia por estar escribiendo: la mujer mira a los lados mientras escribe.

Es imposible que los hombres procedan así y se planteen estas consideraciones. Los modelos literarios de un hombre han sido otros hombres que no tuvieron que luchar contra viento y marea para sentarse a escribir ni se vieron obligados a esconder los papeles debajo de una mesa cuando entraba el párroco en la salita común. No tuvieron que pelearse con su familia por su condición de escritores y jamás se vieron en la necesidad de hablar de habitaciones propias, mientras que nosotras seguimos haciéndolo. En ellos, la ejecución de una labor creadora siempre ha sido algo natural, adecuado, elegante, intelectual. En nosotras, en cambio, aunque nos resistamos a creerlo, sigue viéndose como una rareza, algo que se nos pasará con el tiempo, cuando suene el reloj biológico, lleguen los niños y tengamos en los brazos sus cuerpecitos adorables, y ese amor supremo por nuestros vástagos nos deje totalmente invalidadas para cualquier otra labor creativa porque ese sentimiento maternal es lo mejor que le puede pasar a una mujer, a cualquier mujer, en toda su vida.

Todavía a principios del siglo xx era motivo de discusión académica el temario al que debía acceder una mujer en el desarrollo de su formación educativa. Antes se cuestionaba si el organismo de una mujer estaría capacitado para asumir conceptos complejos, términos abstractos y, en general, para la vida del intelecto. Pero posteriormente, ya en un plano económico, la duda radicaba en hasta qué punto podía llegar a ser rentable que se invirtiera un dinero en la educación de una mujer, considerando que todo se tiraría por la borda en cuanto se enamorara, se casara, tuviera hijos, y su existencia se limitara a limpiar cacas y a poner cazuelas en el fuego. Virginia Woolf, en su soberbia *Tres guineas*, una obra menos conocida que *Una habitación propia* pero que debería formar parte igualmente del canon, habla del «Fondo de Educación de Arthur», un dinero que ahorraba la familia entera, hermanas incluidas, para que el joven hijo pudiera viajar, instruirse, formarse como ciudadano y llegar a ser un «hombre con educación», labor que «no consistía meramente en aprender libros: los amigos enseñaban más que los libros o los juegos. La conversación con ellos ensanchaba horizontes y enriquecía la mente. Durante las vacaciones, se viajaba; se adquiría afición al arte, conocimientos de política exterior; y luego, antes de que se pudiera uno ganar la vida, el padre fijaba una pensión». Las hermanas, mientras, contribuían a ese fondo, conscientes de que ellas jamás podrían atesorar todas esas experiencias ni viajar a aquellos lugares ni acceder a semejante formación académica. «Y la consecuencia resultante es que miramos las mismas cosas, pero las vemos de modo diferente».

Lo que sigue siendo una verdad incontrovertible: las mujeres y los hombres vemos las mismas cosas de un modo diferente. No puede ser de otra manera. Ante una educación diferente, diferentes influencias, diferentes perspectivas, la óptica ha de resultar por fuerza diferente.

Cuando, ante la inevitable pregunta sobre si existe o no la literatura femenina, le leí a Almudena Grandes hace muchos años que ella escribía como una mujer porque es una mujer, la respuesta me extrañó por lo obvia, pero me di cuenta de que no caben muchas más explicaciones. El concepto igualdad y el concepto libertad no son los mismos conceptos para un hombre y para una mujer. Una calle vacía por la noche no es la misma calle para un hombre y para una mujer. El hecho de vivir con la eterna conciencia del miedo cuando todas sabemos que la imposición del miedo es una forma perfecta de dominación. Una mesa redonda en el seno de unas jornadas profesionales no es la misma mesa para un hombre y para una mujer. Un hombre que diserta sobre cualquier tema es él mismo, se representa a sí mismo, es responsable de sus propias palabras y de su manera de exponerlas. Pero una mujer en una mesa redonda es LA mujer, representa a TODAS las mujeres y sus palabras son las de LAS mujeres. Cuando en una ponencia o en una declaración pública una mujer se equivoca, se están equivocando TODAS las mujeres. No puede haber igualdad en una mesa redonda cuando no la hay más allá de esa mesa y cuando se nos sigue diciendo que a las mujeres se nos invita para cubrir una cuota.

¿Cómo sería vivir en una sociedad igualitaria real? ¿Podemos imaginarlo siquiera? Sin las intimidaciones cotidianas. Sin la presión de la condescendencia, sin las miraditas, sin el paternalismo. Sin la sensación de «si yo estoy aquí es porque tú me lo permites» y sin la eterna necesidad de defender las conocidas reivindicaciones o de mantener la sonrisa ladeada cada vez que se nos explica algo que ya sabemos pero que parece que ha de interpretarse ante nosotras para que, además de saberlo, lo entendamos. Sin tener que seguir siendo pacientes y racionales ante los «comentarios inofensivos» acerca de los datos fidedignos y las estadísticas contrastadas sobre las denuncias falsas. Sin tener que seguir escuchando por parte de ellos y también de algunas de ellas «¿hasta dónde queréis llegar?», como si la pregunta real fuera «¿hasta dónde creéis que os vamos a dejar llegar?».